QUAND LES AUTRUCHES RELÈVERONT LA TÊTE

ALAIN MADELIN

QUAND LES AUTRUCHES RELÈVERONT LA TÊTE

Entretiens avec Joseph Macé-Scaron
et Yves Messarovitch

LE GRAND LIVRE DU MOIS

ISBN 2-221-08229-X

Introduction

Vous avez quitté le gouvernement le 25 août 1995, après trois mois comme ministre de l'Économie et des Finances. Vous avez choisi de vous représenter aux élections et vous avez été réélu député d'Ille-et-Vilaine, le 8 octobre, au premier tour et avec plus de 61 % des voix. Avec ce livre, vous voulez aller plus loin. Pourquoi ?

Pour dire, en toute liberté, ce que je crois bon pour mon pays. Aujourd'hui, la France déprime. Et pourtant je reste plus que jamais convaincu qu'il est possible de faire bouger la France et de retrouver la confiance des Français. J'ai toujours essayé d'avoir de la suite dans les idées et de la persévérance dans l'action. Je n'ai pas l'intention de me retourner sur le passé ni, comme beaucoup d'autres, de raconter des anecdotes savoureuses sur les coulisses du pouvoir. Ce livre est un livre d'action, tourné résolument vers l'avenir.

Cet avenir, vous pensiez le trouver derrière Jacques Chirac pendant l'élection présidentielle ?

Je me suis effectivement engagé derrière Jacques Chirac, dans la campagne présidentielle, à un moment où il n'y avait pas foule. Je l'ai fait parce que nous partagions les mêmes analyses et parce que j'ai trouvé en Jacques Chirac des qualités profondes : il aime, il écoute et il comprend les Français. Je l'ai fait aussi avec l'espoir d'un changement fort, avec une certaine idée des réformes nécessaires pour notre pays et de la façon de les mettre en œuvre. Cet espoir, celui d'un nouveau départ après deux septennats socialistes, a été partagé par de nombreux Français, notamment par une grande partie de la jeunesse. Je me sens toujours comptable de cet espoir.

Qu'est devenu cet espoir ?

À la suite de mon départ du gouvernement, j'ai reçu plusieurs dizaines de milliers de lettres. Des messages de soutien, venus de la foule anonyme des Français ordinaires, des témoignages de sympathie, de beaucoup de ces Français qui nous avaient fait confiance à l'élection présidentielle, qui exprimaient souvent amertume et déception, avec comme un sentiment de « gueule de bois », mais qui gardaient malgré tout l'espoir. Des « lettres à la mer » aussi, sortes de cris du cœur que m'adressait une France malheureuse, à tout hasard, sans savoir même si je les lirais.

J'ai passé beaucoup de temps à lire ces lettres, et ce livre constitue un moyen d'y répondre. Elles m'ont encouragé à poursuivre mon action, me montrant que j'avais été entendu et plus encore compris, bien au-delà des frontières politiques traditionnelles. Elles m'ont souvent rappelé ces cahiers de doléances – l'expression des revendications du Tiers État – envoyés aux États généraux à la veille de la Révolution française.

Elles m'ont confirmé ce que je pressentais depuis longtemps : les Français sont, au plus profond d'eux-mêmes, plus réformateurs, plus aptes au changement que les différents corps intermédiaires qui les représentent. Les Français sont prêts à « se retrousser les manches ». Mais ils en ont assez de « se serrer la ceinture », d'autant que celle-ci est déjà, pour beaucoup d'entre eux, au dernier cran.

Qui vous a écrit ?

C'est la France courageuse qui m'écrit, la France qui travaille dur, celle « des gens qui se lèvent de bonne heure et finissent tard pour l'équivalent d'un Smic ». La France des fins de mois difficiles, celle qui connaît la valeur d'un billet de 50 francs et qui sait ce que le mot « économie » veut dire, lorsque le mois s'achève : les efforts et les sacrifices.

Une France qui ne comprend pas pourquoi l'État ignore ce même effort d'économie et lui demande de faire l'effort à sa place, en se tournant si souvent vers elle pour exiger toujours plus d'impôts, plus de cotisations, plus de taxes.

Une France fatiguée d'avoir toujours à remplir le panier percé des dépenses publiques, et qui se dit « écœurée de voir le gâchis que l'on fait de notre argent si péniblement gagné ».

Votre démission faisait suite à des déclarations sur les fonctionnaires...

Mes propos ne semblent pas avoir choqué les Français outre mesure. Il y a d'abord ceux qui me disent qu'ils « troqueraient bien leur situation contre celle d'un fonctionnaire, même avec baisse du salaire, pour rentrer du travail l'esprit tranquille, sans inquiétude, en préparant bien ses vacances et sa retraite ».

Mais il y a aussi les fonctionnaires qui sont nombreux à m'avoir écrit et qui sont, j'en suis sûr, prêts à entendre un autre discours que les discours convenus : « Je suis fonctionnaire et vos propos ont été reçus cinq sur cinq. Faut-il donc que le plus gros employeur de France soit un si mauvais patron pour accepter démotivation, immobilisme et sclérose ? »

Des fonctionnaires qui savent mesurer souvent leur situation par rapport aux autres : « Étant moi-même fonctionnaire, je mesure les avantages que j'ai par rapport à beaucoup d'amis et de parents qui ont perdu leur emploi, ou ont été mis à la retraite à cinquante-cinq ans sans l'avoir voulu. »

Dans vos déclarations, vous aviez également mis en cause la situation de revenus de certains Rmistes par rapport à ceux qui travaillent...

Dans mon courrier, ce qui m'a peut-être le plus marqué, ce sont justement les lettres des victimes de l'exclusion, des bénéficiaires du RMI, des personnes enfermées aujourd'hui dans la pauvreté et la dépendance. Celles qui me disent, comme cette ouvrière au chômage : « J'apprécie votre combat pour empêcher l'assistanat. » Ou encore : « Que devient l'homme – sa dignité, son avenir et celui de ses enfants ? »

J'avais qualifié de « désordre social » le fait que les revenus de l'assistance et ceux du travail puissent dans certains cas devenir équivalents. Ce que tous les Français savent et observent. Que dire à ceux qui m'écrivent par exemple : « Je suis seul sans autre revenu que des travaux à mi-temps pour des raisons de santé, mais je rencontre journellement des personnes entièrement assistées qui gagnent plus que moi » ?

Dans les soutiens que vous avez reçus, il y avait sans doute beaucoup d'entrepreneurs...

J'ai reçu bien évidemment beaucoup de soutiens venus des commerçants, des artisans, des petits entrepreneurs et des professions indépendantes. Bref, de ceux qui prennent des initiatives et des risques. Ce sont là des hommes et des femmes que mes différentes responsabilités ministérielles m'ont amené à bien connaître. Ils pourraient faire plus – ils voudraient faire plus –, mais ils voient trop souvent leurs efforts compromis, leurs initiatives découragées, leurs risques pénalisés, et leurs petits bénéfices engloutis dans le tonneau des Danaïdes des dépenses publiques.

Quelles leçons tirez-vous de toutes ces lettres ?

C'est le courage quotidien de tous ces Français-là qui fait la force de notre pays. Grâce à Dieu, « il y a encore de nombreux Français qui travaillent, s'efforcent d'élever leurs enfants correctement, gardent un certain sens des responsabilités et de la solidarité et permettent à notre pays de conserver une place privilégiée dans le monde, en dépit des gaspillages et des pillages que nous subissons ». Même si l'on sent souvent l'exaspération monter. « Nous ne faisons pas partie de ceux qui descendent dans la rue à tout bout de champ, mais nous pourrions bien ne plus nous contenir. »

Mais la lecture de ces lettres vous rend malgré tout optimiste ?

Oui, parce qu'il me paraît clair que les Français ne refusent pas l'effort pour redresser le pays. Simplement, ils veulent être certaine que cet effort sera utile et équitablement réparti. « Que le travail et les efforts que je fournis soient respectés par la société, que les sacrifices que je suis prêt à faire pour redresser notre pays soient partagés par tous ! » m'écrit l'un d'eux. « Je travaille douze heures par jour, j'ai un fils au chômage, je paie mes impôts, je boucle tout juste mes fins de mois et ne bénéficie d'aucune aide. Je suis prêt à voir s'envoler l'abattement fiscal dont je dispose pour peu que l'on remette à plat tous les avantages directs sur la table », me dit un autre.

Je suis aussi optimiste parce qu'il me paraît tout aussi clair que les Français ont compris le sens de l'effort nécessaire. Ils ont compris et ils expriment clairement ce qui ne va pas : « Comment faire reculer le chômage dans un monde qui récompense si mal le travail ? »

Ils savent ce qu'il faut faire : « C'est l'esprit d'entreprise, d'initiative que nous devons retrouver pour briser les chaînes de l'irresponsabilité et de la frilosité. »

Ils sont prêts à prendre leurs responsabilités. « Si nous attendons tout de l'État, que de déceptions aurons-nous ! C'est à chacun de se prendre par la main. »

Vous avez quitté brusquement le gouvernement, à la suite d'un différend avec le Premier ministre. Pourquoi ?

À l'occasion d'une émission de radio, j'ai posé une question qui s'est révélée, semble-t-il, « politiquement incorrecte ». Je vous la rappelle : « Est-il normal que, lorsque les salariés du secteur privé sont obligés de cotiser quarante années pour obtenir leur retraite, d'autres catégories ne cotisent que trente-sept années et demie ? »

Ce n'était qu'une question, mais celle-ci a aussitôt

provoqué les réactions rituelles des états-majors syndicaux. Outrage à syndicat!

De quoi s'agissait-il? De diviser les Français, comme certains l'ont dit, ou d'assurer la cohésion sociale en proposant de mettre entre eux un signe d'égalité en matière de retraite, comme je le pense!

Cela étant, cette divergence publique était sans doute le reflet d'un différend plus profond entre le Premier ministre et moi, sur la façon de s'adresser à l'opinion, sur la nature, la méthode et le calendrier des réformes. C'est ainsi que je pensais que le budget 96 aurait dû s'accompagner de la réforme fiscale et de la réforme sociale, pour entraîner la confiance autour de quelques réformes courageuses et pour éviter ce « septembre noir » de la défiance que nous avons connu.

Quand il y a un différend entre le Premier ministre et le ministre des Finances, il est normal que le premier reste et que le second s'en aille. J'ai formé des vœux pour le succès du gouvernement et exprimé le souhait que ma démission soit utile au pays.

Au lendemain de l'élection présidentielle, espériez-vous autre chose, ce nouveau départ pour notre pays dont vous aviez déjà parlé?

Les lendemains d'une élection présidentielle représentent bien entendu une occasion privilégiée d'engager vite un certain nombre de réformes indispensables au redressement du pays.

L'histoire nous enseigne qu'il existe dans la vie des sociétés des périodes de remise en ordre et des périodes de remise en cause. Dans le premier cas, il s'agit de consolider l'ordre social. Il faut donc, pour ceux qui dirigent, des qualités de sagesse, une capacité de conciliation et d'apaisement, pour trouver les compromis sociaux nécessaires. Les périodes de remise en cause exigent de ceux qui dirigent davantage d'ardeur, une capacité d'entraînement, pour fonder des choses nouvelles. Nous vivons une période de notre histoire qui est assurément une période de profondes mutations et de remise en cause de notre société. Nous sommes à un de ces moments où, selon la formule du cardinal de Richelieu, la politique devient « l'art de rendre possible ce qui est nécessaire ». Ce qui est nécessaire aujourd'hui, c'est un sursaut réformateur.

Mais un tel sursaut est-il possible ?

Bien entendu. Les Français ont montré, tout au long de notre histoire, qu'ils en étaient capables. Les années 1945-1950 ont été celles de la fantastique reconstruction du pays et de la mutation de son économie dévastée. En 1958, en quelques semaines, l'État a été rétabli, et la confiance a réapparu grâce au plan de redressement financier de Pinay et de Rueff, soutenu par le général de Gaulle. Dans une moindre mesure, l'alternance de 1986 a permis à Jacques Chirac et à Édouard Balladur de renouer rapidement, au moyen de quelques ordonnances, avec les libertés économiques fondamentales qui allaient susciter la confiance des entrepreneurs et donc stimuler la croissance.

De même, les Allemands, avec lesquels nous aimons nous comparer, ont montré la même capacité de sursaut. En 1948, Ludwig Erhard, balayant les objections de ses conseillers et de ses fonctionnaires, a établi la liberté intégrale des prix, des changes et de la gestion des entreprises, créé le mark et la Bundesbank indépendante. Bref, en quelques semaines, il a jeté les bases de ce que l'on a appelé le « miracle allemand ». Plus récemment encore, on peut citer la dynamique de la réunification allemande lancée par Helmut Kohl.

Vous estimez que ce sursaut n'a pas eu lieu en mai 1995...

C'est vrai et je le regrette. Nous n'avons pas su créer la dynamique de confiance qui permet d'engager les réformes dans les meilleures conditions. Le programme du gouvernement aurait sans doute dû plus clairement expliquer la situation, définir les actions, dégager les perspectives et, tout simplement, susciter l'élan.

Vous insistez sur l'urgence des réformes. Pourquoi ?

Il y a bien sûr l'urgence financière. Nous aurons l'occasion d'y revenir. Mais il y a tout autant l'urgence sociale. J'ai le sentiment que la crise que traverse notre pays est beaucoup plus grave que ce qui ressort des seules statistiques du chômage et de l'exclusion.

Saint-Exupéry fait dire au renard dans son dialogue avec le Petit Prince : « On ne voit bien qu'avec le cœur. L'essentiel est invisible pour les yeux. » Et je ressens depuis quelque temps déjà un véritable danger d'implosion ou d'explosion sociale. Un fossé se creuse entre ceux qui dirigent et ceux qui sont dirigés, entre ceux qui souffrent d'un manque de considération et qui paient la facture de la crise, et ceux qui, visiblement, ne supportent pas le poids de cette crise. Le seuil de rupture est atteint lorsque « l'ascenseur social » est en panne, lorsque la machine à créer des emplois se grippe et quand chacun se bat pour conquérir ou garder sa place. Dans une économie en stagnation, ce qui est gagné par les uns est perdu par les autres. On aboutit à une sorte de « lutte des places », et la société se divise alors en groupes hostiles.

Il y a danger quand des centaines de milliers de jeunes, qui ont cru à la promotion par le mérite, ne trouvent plus au terme de leur course aux diplômes les places qu'ils étaient en droit d'espérer. Il y a danger dans les banlieues difficiles, où se condensent tous les problèmes de notre société, le chômage, l'école, le logement, la sécurité, et où le problème de l'immigration s'ajoute au choc des pauvretés. Il y a un vrai danger de voir monter la haine sociale. Qui sait le sentiment de haine sourde que peut ressentir l'enfant d'une cité grise, privé d'espoir et de repères, devant les appartements illuminés des beaux quartiers ou les bateaux de plaisance rutilants de la Côte d'Azur ?

Je suis issu pour ma part d'un milieu modeste, ce qui me permet de mieux ressentir nos risques de déchirure sociale. De mon enfance, de ces quartiers pauvres où j'ai grandi, je garde cette leçon de la vie : tout homme en vaut un autre, mais un homme humilié, blessé dans sa dignité, vaut qu'on lui porte dix fois plus d'attention. Il y a un beau proverbe libanais qui résume cela : « Lequel de tes enfants aimes-tu le plus ? – Le petit jusqu'à ce qu'il grandisse, l'absent jusqu'à ce qu'il revienne, le malade jusqu'à ce qu'il guérisse. » Voilà qui justifie un supplément d'attention envers celui qui, à un moment donné, est plus fragile que les autres.

Il y a aujourd'hui un retour de la question sociale, cette question qui se posait avec force au XIXe siècle, dans les déracinements et les grandes misères engendrés par la Révolution industrielle. On pensait qu'une plus grande égalité des chances, l'apparition au cœur de la société française d'un groupe central de classes moyennes l'avaient définitivement écartée. Voici qu'elle revient lorsque recule l'égalité des chances.

Je crois pour ma part à la supériorité d'une société de liberté. Mais je sais que celle-ci engendre par nature des inégalités. Ces inégalités ne sont acceptables qu'à la condition impérative d'un combat permanent pour l'égalité des chances. Celle-ci est plus qu'une obligation morale, une exigence sociale.

Est-ce que la France n'est pas condamnée à rester cette société bloquée que vous décrivez ?

Ce n'est pas la société qui est bloquée, mais ses élites et son système d'organisation. L'historien britannique Arnold Toynbee a avancé que les civilisations progressaient de défis en réponses et en nouveaux défis. Parfois, cependant, une civilisation s'enlise par incapacité des élites à inventer de nouvelles réponses à un défi original. La tendance est alors d'appliquer les vieux remèdes, ceux qui, dans le passé, avaient fonctionné.

On retrouve là le parallèle que vous avez esquissé, au début de cet entretien, entre la situation actuelle de la France et celle du pays à la veille de 1789. Est-ce à dire que les élites françaises se comportent aujourd'hui comme une « noblesse d'État » ?

Je crois effectivement que nos élites bloquent l'évolution du système. Il y a assurément un parallèle à faire avec la situation de la France à la fin de l'Ancien Régime. Les règlements du commerce, des corporations, des manufactures paralysent l'initiative. La crise financière impose à l'État d'emprunter pour rembourser ses dettes. Le Tiers État n'en peut plus. Et les privilégiés, avec la complicité active des Parlements, bloquent toute réforme. En réservant les places d'officiers aux nobles pourvus de quatre quartiers de noblesse, le comte de Ségur choisit de faire en sorte que les droits de la naissance l'emportent plus que jamais sur les capacités.

Tout cela n'est pas sans parenté avec la situation de ces dernières décennies où nous avons vu se reconstituer une nouvelle aristocratie d'État, avec ses privilèges, ses réseaux de connivence et leur dangereuse consanguinité, ses signes extérieurs de pouvoir. Quelques grandes écoles constituent les nouveaux quartiers de noblesse, quelques entreprises publiques rappellent ces évêchés que l'on obtenait en approchant de près le roi.

Cette nouvelle aristocratie administre plus d'un franc sur deux des ressources du pays, elle réglemente le reste.

Ce qui est choquant, c'est que le pouvoir de cette nouvelle classe n'a pas sa contrepartie de devoirs et de responsabilités. Elle peut multiplier les erreurs et additionner les déficits publics... Quelle que soit la faillite de ses prévisions, de sa gestion ou de ses réalisations, elle échappe de fait à toute sanction, à tout contrôle, puisqu'elle s'autocontrôle.

On peut perdre des milliards dans la mauvaise gestion d'une entreprise publique sans aucune vraie sanction. Le plus petit des commerçants et des artisans est, quant à lui, responsable sur ses biens propres de ses erreurs de gestion et même, quand il est victime d'un impayé, des erreurs qu'il n'a pas commises!

Quand ceux qui sont en haut de l'échelle sociale, quelles que soient leurs erreurs, ne descendent plus, quand ceux qui sont en bas, quels que soient leurs mérites, ne peuvent plus gravir l'échelle sociale, il y a désordre social.

Vous mettez donc directement en cause la nouvelle « aristocratie d'État » ?

Oui, car elle est devenue un monde à part, éloigné des Français, qui possède sa propre culture et sécrète un conformisme de la pensée. Cette nouvelle classe, par nature, n'aime guère les vraies réformes, car celles-ci, en effet, constituent par nature une vraie redistribution des pouvoirs. Moins de pouvoirs concentrés au sommet, davantage de responsabilités rendues aux Français.

En toute bonne foi, les représentants de nos puissantes organisations bureaucratiques et étatiques estiment jouer un rôle indispensable au sein de la société française. S'il est vrai qu'une société équilibrée a besoin de corps intermédiaires, encore faut-il que ceux-ci épousent le mouvement de la société plutôt que d'y faire obstacle.

Encore faut-il que l'on cesse de pratiquer la politique de l'autruche et que l'on regarde enfin les réalités en face.

Ces « autruches », ce sont donc pour vous les élites et les corps intermédiaires qui bloquent la société ?

Ah ! le jour où les autruches relèveront la tête... En réalité, ce ne sont pas les hommes qui sont en cause, mais une attitude collective qui conduit à ralentir l'évolution nécessaire de nos systèmes publics et nos règles du jeu. Ce qui a pour conséquence de bloquer la société et de nous empêcher de tirer tout le parti et le talent de l'énergie des Français. L'histoire a montré ce qu'était le poids des systèmes. Prenez une nation, coupez-la en deux et dressez un mur au milieu. Appliquez d'un côté les règles de l'économie sociale de marché, fondée sur l'entrepreneur et la responsabilité individuelle. De l'autre, les règles d'une économie étatisée, fondée sur la responsabilité collective. Laissez reposer pendant quarante ans, enlevez le mur et observez la différence : le succès de l'Allemagne de l'Ouest et la totale déconfiture de l'Allemagne de l'Est. Pourtant, de part et d'autre du mur, c'étaient bien les mêmes Allemands. Ce ne sont donc pas les hommes qui sont en cause, mais les règles du jeu, qui leur permettent ou non de donner le meilleur d'eux-mêmes.

Puisque cette nouvelle classe n'aime pas les réformes, qui va faire bouger la France ?

Je suis profondément optimiste. Les murailles de nos rigidités s'effondreront comme s'est effondré le mur de Berlin. Jamais les Français n'ont autant éprouvé, consciemment ou non, le désir d'exercer leurs capacités d'initiative et de choix.

Il existe une France de la vitalité dans les entreprises, les associations, les collectivités locales, prête à faire bouger le pays pourvu qu'on fasse sauter les verrous qui bloquent son initiative. C'est cette France-là qu'il faut rassembler, entraîner et utiliser comme levier pour les réformes nécessaires.

Au lieu de cela, nous avons un pays qui apparaît aujourd'hui morose, voire déprimé...

Je mesure les effets dévastateurs du pessimisme. La France déprime. Cette dépression psychologique peut provoquer une dépression économique, voire une dépression politique que rien ne justifierait.

N'avez-vous pas peur de voir le populisme progresser ?

Il est sûr que, lorsque la pharmacopée traditionnelle des médecins de droite et des médecins de gauche – et même le mélange des deux – semble avoir échoué, il y a place pour les bonimenteurs et les vendeurs de potion magique : « y a qu'à » fermer les frontières, « y a qu'à » rendre le chômage illégal, « y a qu'à » chasser les étrangers. Mais attention à ne pas rejeter les aspirations populaires au nom du politiquement correct. Le populisme, c'est la réponse démagogique aux aspirations populaires. Je pense qu'une réponse pédagogique est aujourd'hui possible.

Nous sommes donc contraints de réformer, et pourtant nous ne sommes pas à même de trouver ces nouvelles réponses que vous évoquez...

Depuis plusieurs années, un sentiment d'impuissance publique s'est fait jour par manque de vérité et de courage. Il y a tant de bonnes raisons de ne pas décider, de remettre à demain ce que l'on pourrait faire aujourd'hui, de décider à moitié ou de ne rien décider du tout. On a peur de se tromper, on a peur de déplaire. On administre, on ne gouverne plus. Silence, on gère !

Winston Churchill répétait souvent que l'on ne règle pas les problèmes en les mettant de côté. Bien sûr, les pesanteurs existent, les obstacles au changement sont nombreux. Est-ce une raison pour se résigner ?

Décider, c'est trancher, comme nous le dit l'étymologie de ce mot. C'est-à-dire faire des choix. Et, à l'heure des choix, on ne peut réunir tout le monde. Le consensus est facile à faire sur le maintien du passé. Il est plus difficile sur des projets d'avenir, surtout lorsque ceux-ci bousculent ce passé.

Bien entendu, on ne peut réformer contre l'opinion. Mais faut-il à chaque instant suivre les sondages, chercher le compromis avec les syndicats et les corps intermédiaires et renoncer à ce qui est l'essence de la politique et de la démocratie : entraîner l'esprit public ? Je pense pour ma part qu'on peut réunir la confiance d'une grande majorité de Français autour de choix courageux.

Est-ce que la technocratie ne fait pas obstacle au courage politique ?

Arrêtons de faire de la haute fonction publique l'alibi facile de l'absence de vision et de l'absence de courage des hommes politiques. On qualifie de technocrates les experts qui ne sont pas de votre avis, particulièrement quand ils viennent de Bercy et qu'ils s'efforcent, depuis des années, de limiter la frénésie dépensière des hommes politiques.

Vous faites donc une différence entre gérer et entraîner...

Prenez l'exemple d'une entreprise en difficulté. Celle-ci est sur le point de déposer son bilan. Elle a en effet un siège social trop lourd avec des effectifs pléthoriques, des frais généraux trop élevés ; elle s'est dispersée dans des métiers qui ne sont pas les siens, elle a laissé filer l'absentéisme, elle ne sait plus motiver son personnel, récompenser le mérite et l'effort... Une nouvelle équipe prend en charge l'entreprise, taille dans les frais généraux, vend les actifs inutiles, recentre l'entreprise sur ses vrais métiers, investit et innove. Elle responsabilise son personnel, le motive et le récompense... Douze mois ou dix-huit mois plus tard, l'entreprise surprend par la rapidité de son redressement. Le personnel est pourtant le même. Mais l'on a su changer les règles du jeu et surtout... entraîner. C'est cette même démarche qu'il faut appliquer aujourd'hui à l'entreprise France : remettre en ordre nos finances publiques, remettre en cause nos dépenses publiques, remettre en mouvement les forces vives du pays, remettre en valeur quelques principes fondateurs... et surtout entraîner les Français autour de ce projet.

Quelles sont, selon vous, les qualités qui font d'un homme politique un entraîneur ?

Un de mes amis français, qui a pris il y a quelque temps la tête d'une grande entreprise aux États-Unis, m'a raconté comment il avait été choisi. Le conseil d'administration ne l'a pas interrogé sur la façon dont il comptait gérer l'entreprise. Il lui a posé seulement deux questions : « Quelles sont vos valeurs ? Quelle est votre vision ? »

Lorsqu'il faut conduire le changement et pour cela entraîner, ce qui compte, c'est en effet la vision que l'on a de l'avenir et les valeurs qui servent de références à votre action.

Pour vous, quelles sont ces valeurs de référence ?

Je crois à la liberté et à l'initiative.

Je crois au travail. L'argent est choyé, protégé alors que le travail ne l'est pas. Et le travail est le seul capital des plus pauvres.

Je crois à l'égalité devant la loi. Je crois à l'égalité des chances.

Je crois au mérite et à la récompense de l'effort. Un système fondé sur le mérite dégage, à tous les étages de la société, ces modèles humains qui ne doivent rien à l'argent, mais qui forcent le respect et servent d'exemples.

Je crois à la responsabilité personnelle. C'est là un principe qui vaut pour tous les actes de la vie. Ce n'est pas une affaire de position sociale. Il y a des familles très aisées qui ont démissionné de leur responsabilité de parents. Il y a des parents pauvres, sans éducation, qui savent « élever » leurs enfants et leur inculquer ces quelques valeurs utiles.

Si l'heure des choix est venue, êtes-vous partisan d'une thérapie de choc ?

En matière de réformes, je ne suis pas partisan des méthodes brutales, mais plutôt de la médecine douce. Cela fait des années que, pour ma part, en matière de fiscalité, d'emploi, de Sécurité sociale, de formation professionnelle, de lutte contre l'excès de dépenses publiques, je propose des solutions évolutives, très raisonnables au regard de ce qu'ont fait beaucoup de nos partenaires. Seulement voilà, le temps a passé, les réformes que l'on pouvait engager hier de façon progressive, successivement, en les étalant dans le temps ne peuvent plus attendre. On dit que précipiter ces réformes aujourd'hui entraînerait des risques. Sans doute, mais le plus grand risque actuellement, serait de ne pas les engager. Je suis sûr que les Français en sont conscients au fond d'eux-mêmes.

Faut-il donc prendre des risques ?

Excusez-moi si je dérange. Mais quand, dans le passé, j'ai défendu avant bien d'autres la fin du monopole d'État sur la radio et la télévision, on m'a opposé le risque de l'anarchie des ondes et les dangers d'un excès de liberté des journalistes. Quand j'ai défendu la liberté des prix, on m'a opposé les risques de dérapage des prix. Quand j'ai défendu la nécessité des privatisations, on m'a opposé le risque de priver l'État des moyens de commande de l'économie. À la liberté des changes, on m'a répondu fuite des capitaux et, plus récemment, à la baisse nécessaire des taux d'intérêt, on m'objectait les risques d'une inflation pourtant disparue... Autant d'idées dérangeantes en leur temps, autant d'évidences aujourd'hui.

Puisque la France ne peut pas faire l'économie des réformes, comment s'y prendre pour les engager ? Avez-vous la recette ?

Il vous est peut-être arrivé parfois de recevoir par la poste un « kit » à monter vous-même. Vous avez beau avoir toutes les pièces et être un peu bricoleur, il faut avoir le mode d'emploi, sinon, gare...

J'ai le sentiment que toutes les pièces indispensables aux réformes sont là, et que tout a été dit pendant la campagne présidentielle. Mais qu'il manque le mode d'emploi.

Et quel serait donc ce mode d'emploi de la réforme ?

Dire la vérité, d'abord. Même si parfois comme le dit un proverbe africain « la vérité est amère, le mensonge est sucré ». Expliquer. Appeler un chat un chat, une injustice une injustice, un passe-droit un passe-droit, un blocage corporatiste un blocage corporatiste, une sclérose syndicale une sclérose syndicale... Si l'on n'apporte pas de bonnes réponses, c'est souvent parce que l'on ne pose pas les bonnes questions.

Offrir un espoir, ensuite. La réforme n'est pas une punition, mais une chance. Il faut montrer que l'effort et le courage sont des investissements dans un avenir meilleur. La moindre association qui vous demande de l'argent vous explique à quoi il va servir.

Faire preuve de méthode, enfin. Nous en reparlerons longuement. L'audace dans la réforme ne signifie pas la témérité et n'exclut pas l'habileté.

Vous disiez aussi qu'il fallait donner une vision claire de ce qui attend le pays au terme des réformes que vous proposez. Pouvez-vous nous en dessiner les contours ?

J'essaierai de le faire tout au long de ces entretiens. Mais s'il fallait donner dès maintenant un fil conducteur, je dirais que l'ensemble de ces réformes a pour objectif d'accroître le rôle de l'homme dans la société.

Que l'on parle de responsabilités personnelles, de rapprocher le pouvoir des citoyens, de réduire les situations de dépendance, de stimuler l'initiative, de favoriser la décentralisation, de développer la vie associative, d'introduire davantage d'autonomie et de responsabilité dans la gestion de notre protection sociale ou de notre éducation, c'est ce même fil conducteur – accroître le rôle de l'homme dans la société – que vous retrouverez.

Sur quelles forces politiques appuyez-vous votre démarche ?

J'entends situer mon action au cœur de la majorité présidentielle et m'exprimer aussi au nom de la majorité silencieuse.

Dans la vie politique, j'ai toujours privilégié l'union la plus large et préféré les débats d'idées aux querelles de personnes.

Mais je ressens depuis quelque temps le besoin de faire de la politique autrement. C'est pour cela que j'ai fondé il y a plus d'un an le mouvement Idées-Action. De nombreux parlementaires de l'UDF et du RPR s'y retrouvent. Comme s'y retrouvent aussi de nombreux Français sans étiquette politique, issus de la société civile, qui dans l'exercice quotidien de leurs métiers, de leurs responsabilités, ont conscience des blocages qui nous empêchent de tirer tout le parti de nos capacités.

La politique est trop souvent confinée entre la haute administration et les partis. Avec Idées-Action, nous avons voulu créer un nouvel espace de dialogue, de propositions et surtout d'action. Ce n'est pas un parti politique de plus, mais davantage un mouvement civique.

Je voudrais aussi exprimer les attentes de la majorité silencieuse. Il existe une France qui ne descend pas dans la rue, qui ne porte pas de pancarte, qui ne joue pas de son influence dans les coulisses du pouvoir, et qui mérite pourtant d'être entendue et défendue.

Aujourd'hui, plus que jamais, l'action politique a besoin de courage. Elle a besoin de femmes et d'hommes courageux qui s'engagent pour que les forces du changement l'emportent sur les forces du statu quo, que les innovateurs l'emportent sur les conservateurs. L'action politique a aussi besoin qu'on lui donne un sens. Il n'est point de vent favorable pour celui qui ne sait où il va.

Mon ami Jean Paquet, qui présidait les Chambres des métiers, m'a raconté la belle histoire de l'artisan qui, sur son chantier, voit travailler trois apprentis. Il demande au premier : « Que fais-tu ? » L'apprenti répond : « Je taille une pierre. » Allant vers le second, il demande encore : « Que fais-tu ? » L'apprenti répond : « Moi, je gagne ma vie. » Le maître aborde alors le troisième : « Et toi, que fais-tu ? – Moi, je construis une cathédrale. »

1.

L'État optimum

Vous venez d'évoquer la crise que connaît la France. C'est une crise du système, mais n'est-ce pas aussi une crise de l'État ?

C'est tout un système de pouvoirs et de décision qui est aujourd'hui usé. Il connaît une crise qui est à la fois une crise financière, une crise d'efficacité et une crise morale.

Crise morale d'abord, parce que ce système, censé représenter l'intérêt général, donne de plus en plus le sentiment de dissimuler une forêt d'intérêts particuliers. Un système où les porteurs de pancarte et les pilleurs de sous-préfecture pèsent plus que les chômeurs ! Un système où ceux qui hantent les antichambres ou font les couloirs des Assemblées ont plus d'influence que les vrais entrepreneurs !

Crise d'efficacité, quand l'autorité de l'État semble ne plus s'exercer sur tous les points du territoire et que la pauvreté s'étend, alors que l'on n'a jamais tant dépensé et tant prélevé pour le social.

Crise financière, enfin, d'un système qui ne fonctionne qu'au moyen d'un « toujours plus » : toujours plus de réglementation, toujours plus de dépenses publiques. Le « je dépense, donc je suis » est devenu la preuve de l'existence de l'homme politique. Mais, aujourd'hui, il n'y a plus d'argent, et la machine à dépenser est en panne. Il faut donc penser autrement l'action publique.

Il est donc temps d'engager les réformes ?

Je me rappelle cette phrase qu'on murmurait à l'Est, quelque temps avant l'effondrement du mur de Berlin : « Le sommet ne peut plus, la base ne veut plus ! » J'ai le sentiment qu'elle vaut aujourd'hui pour notre pays.

Nous avons un vrai besoin de réformes, pas d'une « perestroïka » à la française, dont l'objectif serait de sauver avant tout les intérêts de notre nomenklatura.

L'enjeu, c'est, comme je l'ai dit, la redistribution du pouvoir, d'un pouvoir trop concentré, d'un pouvoir trop parisien. Ce pouvoir est chaque jour remis en cause par l'Europe, par la mondialisation de l'économie, par l'étonnante capacité de la société civile et des collectivités locales à assurer, mieux que l'État, des activités exercées aujourd'hui sous la houlette de l'État. Et lorsqu'il est question de redistribuer le pouvoir, c'est que l'on se situe à un moment fort de l'histoire. Voilà qui explique l'âpreté des résistances et la difficulté des réformes !

Comment organiser cette redistribution des pouvoirs ?

C'est affaire de volonté. Et plus encore affaire de méthode. Nous y reviendrons.

Mais s'il n'existe pas de plans d'architecte tout prêts pour effectuer cette redistribution des pouvoirs, nous disposons en revanche d'un principe qui peut nous guider.

De quel principe s'agit-il ?

Ce principe, c'est le principe de responsabilité, admirablement résumé par la formule d'Abraham Lincoln : « Le pouvoir ne doit pas faire ce dont les citoyens sont capables. »

Ce qui veut dire concrètement que rien ne doit être fait par une collectivité publique qui peut l'être par les personnes elles-mêmes, les familles, les entreprises ou les associations. Rien ne doit être fait par l'État centralisé qui peut l'être au niveau des collectivités locales. Rien ne doit être fait, enfin, à l'échelon de l'Europe qui peut être fait à celui de la France.

Je me dois d'ajouter qu'avant d'être un principe d'efficacité ce principe de responsabilité est un principe éthique, issu de notre héritage chrétien et humaniste : l'homme est une personne responsable à laquelle il faut faire confiance. Ce qui fait que tout homme est appelé par nature à gouverner sa propre personne.

Voilà un principe qui nous permettra de libérer le fantastique potentiel de courage, d'initiative et de progrès que recèle notre société tout entière, pour entrer gagnants dans le XXIe siècle.

Et comment le mettre en œuvre ?

Il faut passer toutes les activités publiques au crible de ce principe de responsabilité. C'est ce que l'on appelle dans les entreprises le *reengineering*, la « reconfiguration », qui consiste à remettre en cause toutes les activités et, si besoin est, à en modifier l'organisation, à supprimer celles qui sont devenues inutiles et à réformer la hiérarchie en conséquence.

Pour cela, il faut de la volonté. J'ai parfois comparé

l'effort que nous devions accomplir pour restructurer nos grands systèmes publics à celui mené par le chancelier Kohl depuis la réunification allemande. Cette comparaison n'est pas hors de propos. Nos grands systèmes publics sont, comme les *Länder* de l'Est, de fantastiques réservoirs de croissance et de compétitivité pour notre économie.

Nous avons un État plus lourd, plus centralisé que dans beaucoup d'autres pays. Or, nous sommes en compétition avec eux...

Effectivement, les États sont désormais en concurrence. À travers leurs lois, leurs systèmes fiscaux, la qualité des services qu'ils rendent. Il y a quelques années, on comparait volontiers les pays en fonction de leur différentiel d'inflation. Il faut aujourd'hui parler du « différentiel d'étatisation ». Un État trop lourd, trop coûteux, trop centralisé constitue un handicap pour la compétitivité d'une économie.

Pour illustrer cette compétition, j'ai souvent raconté l'histoire d'un Japonais et d'un Français qui sont dans la jungle, quand un lion féroce surgit devant eux. Le Français a très peur, le Japonais reste calme et sort de son sac à dos une paire de baskets. Le Français lui dit : « Tu n'espères pas quand même courir plus vite que le lion ? » Et le Japonais de répondre : « Plus vite que le lion, certainement pas. J'espère en tout cas courir plus vite que toi ! »

La compétitivité d'une économie est donc très liée à la compétitivité de l'État...

La compétitivité d'un pays, c'est la somme de la compétitivité de ses entreprises et de celle de son État et de son secteur public. Nos entreprises ont fait des efforts considérables de productivité ces vingt dernières années. C'est maintenant au tour de l'État et de nos systèmes publics. Et nous avons pris sur ce point du retard par rapport à nos principaux partenaires.

C'est peut-être plus difficile, en France, de faire bouger l'État, car n'est-il pas une référence, presque un phénomène culturel ?

C'est vrai. Les États-Unis s'identifient à une certaine conception de la liberté et du droit, l'Angleterre avec sa démocratie parlementaire, l'Allemagne avec son peuple. La France s'est construite autour de son État et s'identifie à lui. L'État-Nation est notre héritage. C'est pourquoi la crise de l'État devient chez nous une crise de l'identité française.

Nous faisons « culture à part ». Par exemple, une pelouse publique a longtemps été en France une pelouse sur laquelle il ne fallait pas marcher, parce qu'elle appartenait à l'État. En Grande-Bretagne, une pelouse publique est une pelouse qui appartient aux citoyens et sur laquelle tout le monde peut se promener.

De même aux États-Unis, une entreprise dite publique – *public company* – n'est pas une entreprise qui appartient à l'État comme en France, mais une entreprise qui appartient au public, c'est-à-dire à des actionnaires.

On a dit qu'il existait deux types de pays : ceux dans lesquels les citoyens s'assemblaient et décidaient des pouvoirs qu'ils confiaient à l'État. Et les pays où les hommes de l'État se réunissent et disent quels sont les pouvoirs qu'ils consentent à laisser aux citoyens. La France est plus proche de la seconde catégorie.

Ce serait une erreur de réduire la France à l'État, comme ce serait, d'ailleurs, une erreur de refuser notre héritage d'État-Nation. Nous ne l'avons pas choisi, pas plus que nous n'avons choisi nos parents. Mais ce serait une faute de ne pas chercher à reconstruire notre État républicain.

Redessiner les contours de l'État, cela veut-il dire qu'aujourd'hui l'État ne fait pas son métier ?

La France est un drôle de pays, où l'État se mêle de tas de choses qui ne relèvent pas de ses fonctions et fait de plus en plus mal ses vrais métiers. C'est ainsi qu'on a vu, avec la régie Renault, l'État fabriquer des automobiles, et concéder les autoroutes aux entreprises privées. Il fallait bien entendu faire l'inverse.

J'ai souvent raconté l'histoire d'une vieille dame agressée à la sortie du Crédit lyonnais et délestée de ses économies. Quelle est la leçon de cette histoire ? Tout simplement que l'État n'était pas à sa place : il était dans la banque pour gérer le Crédit lyonnais (avec le succès que l'on sait !) et non dans la rue pour assurer la sécurité des personnes.

Je ne plaide pas pour un État faible mais, au contraire, pour un État fort, un État visible et efficace dans ses fonctions, dans ses devoirs et dans ses missions.

Par exemple ? Quels sont ces secteurs où l'État doit être visible et efficace ?

Il y a aujourd'hui un vrai besoin de sécurité, un besoin de sécurité physique, un besoin de sécurités sociales. Et la sécurité, c'est d'abord l'affaire de l'État.

Dans certains quartiers, la police verbalise si vous ne portez pas votre ceinture de sécurité. Dans d'autres, elle ne peut pas s'éloigner à plus de cent mètres du commissariat sans se faire lapider !

Beaucoup trop de nos compatriotes se sentent abandonnés par l'État. Quand l'insécurité grandit, ce sont d'abord les plus faibles qui sont frappés. Ce sont toujours les mêmes qui cumulent tous les inconvénients.

C'est l'ouvrier du bâtiment, par exemple, qui gagne peu, travaille dans des conditions pénibles, a davantage de risque d'accidents du travail et craint à tout moment le licenciement. Il prendra sa retraite plus tard que beaucoup d'autres. Et c'est lui qui habitera une banlieue éloignée de ses chantiers, dans un logement bruyant, qui se fera régulièrement piller sa voiture et qui vivra au quotidien les problèmes de l'immigration. C'est lui qui sera inquiet lorsque sa fille rentrera tard le soir.

Ceux qui donnent de belles leçons de morale sont ceux qui, le plus souvent, placent leurs enfants dans les écoles des beaux quartiers, bénéficient lorsqu'ils sont malades de meilleures cliniques et d'une mutuelle qui rembourse à 100 %.

À vous entendre, l'État devrait aussi être le garant des équilibres de la société ? N'est-ce pas trop lui demander ?

Non. Il doit veiller à la solidarité sociale. J'aime cette phrase de l'historien Michelet, que je cite de mémoire : « Tant qu'il y aura de mes compatriotes qui camperont aux portes de la cité sans pouvoir y entrer, cette cité ne sera pas la mienne. »

J'évoquais les banlieues et l'insécurité. Là, il faut mobiliser ce qu'il faut. Cela coûtera cher, mais il faut le faire. On ne peut accepter que des gamins se poursuivent dans les couloirs des immeubles avec des seringues usagées, peut-être infectées, qu'ils viennent de ramasser, pour jouer, comme ils disent, à « chat-sida » !

À laisser faire, nous sommes coupables de non-assistance à Français en danger !

Mais en même temps, l'État n'est plus respecté, beaucoup de Français se méfient de lui et le critiquent. Comment remédier à son manque d'autorité ?

Pour être respecté, l'État doit être respectable. Or, trop souvent les Français ont le sentiment que la loi n'est pas la même pour tous, qu'il existe deux poids et deux mesures.

Il y a les désordres dus aux gaspillages de l'argent public. Il y a aussi les désordres de l'argent sale qui ont donné aux Français le sentiment qu'une aristocratie d'État vivait au-dessus des lois, de la justice et de la morale.

Vous voulez parler des affaires ?

Inutile de se le cacher, de nombreuses « affaires » sont venues éclairer d'une lumière glauque le mariage malsain de l'argent et de la politique. Même si ces affaires ne concernent que quelques personnes et même si, par un amalgame facile, toute mise en examen, malgré la présomption d'innocence, est confondue avec les scandales de la corruption.

Comment casser cette spirale infernale des affaires ?

La solution, c'est bien sûr l'indépendance de la justice et la peur du gendarme. C'est aussi prévenir le risque de corruption en cherchant à en supprimer les causes. Partout, la corruption est proportionnelle au pouvoir de l'État et à la capacité des collectivités publiques à distribuer des faveurs.

Plus le pouvoir politique est « interventionniste », plus les réglementations et les subventions se multiplient, plus la tentation est grande de monnayer les faveurs.

Mais jusqu'où voyez-vous le recul de l'État ?

Je ne suis pas plus pour l'État maximum, vous l'aurez compris, que pour l'État minimum de certains théoriciens. Je suis partisan d'un État optimum. Cet État optimum, c'est à nous de le découvrir par l'application du principe de responsabilité. Ce sera à la fois un État respecté et un État modeste, qui saura alléger fortement ses propres dépenses, qui démasquera l'esprit de démesure, les tentations du luxe et les facilités du gaspillage. C'est un État qui ne multipliera pas les lois, les décrets et les règlements inutiles.

Et, pour y parvenir, posons-nous les bonnes questions : ne nous demandons plus ce que l'État doit donner, mais ce qu'il doit cesser de prendre. Ne nous demandons pas ce qu'il doit faire, mais ce qu'il doit cesser de faire.

Il faut donc réformer l'État. Pourtant, la réforme semble impossible. La seule annonce du gel des salaires des fonctionnaires n'a-t-elle pas provoqué une grève générale ?

C'est l'exemple même du manque de méthode ! Quelle erreur monumentale que d'avoir laissé croire que l'on gèlerait le salaire des fonctionnaires en 1996, alors que la masse salariale augmentera de plus de 3 % ! Faut-il s'étonner que les fonctionnaires ne comprennent pas qu'on leur dise : « On ne pourra pas augmenter vos salaires, on fait une pause, il faut faire des sacrifices, la rigueur est nécessaire » ?... Je préférerais, moi, que l'on tienne un tout autre langage : « Nous allons mieux récompenser le mérite, le travail et l'effort. Je vous propose non pas des sacrifices, mais le partage des bénéfices de vos efforts. »

Cela étant, il est vrai que le pouvoir d'achat des fonctionnaires a augmenté ces dernières années globalement deux fois plus vite que celui des autres salariés, qui, eux, ont eu à payer le prix de la récession de l'économie française. Il est vrai aussi que les fonctionnaires n'ont pas connu l'angoisse du chômage puisqu'ils ont la garantie de l'emploi. Il est donc légitime de leur dire qu'en 1996 les augmentations de salaires ne pourront excéder celles prévues par des accords déjà signés.

Je ne pense pas cependant qu'il soit de bonne politique de fermer toute perspective d'améliorer la situation des fonctionnaires. J'ai dit à quel point la récompense du travail, du mérite et de l'effort était, à mes yeux, le moteur du dynamisme d'une société. Ceci doit être vrai pour les salariés du public comme pour ceux du privé.

L'amélioration des salaires du privé se fait en

fonction de la croissance de l'économie et de celle de leur entreprise, en fonction de leur productivité. Or, il existe, on le sait, dans l'administration et les services publics, de formidables gisements de productivité. Il ne faut donc pas faire de procès aux fonctionnaires, mais plutôt leur proposer un projet, devenir les acteurs d'un grand contrat de modernisation de l'État et des services publics.

C'est dans la réorganisation de l'État et les gains d'efficacité qui en résulteront que les fonctionnaires trouveront avantages et responsabilités. Car une telle transformation de l'État peut non seulement contribuer à améliorer leur situation, mais encore rendre leurs tâches beaucoup plus intéressantes.

Mais n'étiez-vous pas partisan de réduire le nombre de fonctionnaires ?

Bien entendu, je reste partisan de réduire le nombre de nos fonctionnaires. Tous les autres pays le font, même lorsqu'ils ont proportionnellement beaucoup moins de fonctionnaires que nous. Cela étant, pour que les choses soient claires, réduire le nombre de fonctionnaires, ce n'est pas les mettre à la porte, mais seulement recruter moins vite. Si, compte tenu des départs à la retraite, on recrutait deux fois moins vite, on pourrait réduire le nombre de fonctionnaires de 150 000 en cinq ans. Ce qui suppose une mobilité interne dans la Fonction publique, car il existe des secteurs dans lesquels il n'y a pas assez de fonctionnaires. Je ne vois pas pourquoi on ferait de ce sujet un tabou. Pierre Bérégovoy disait lui-même qu'il voulait moins de fonctionnaires, mais mieux payés.

À partir de l'exemple de la Fonction publique, que vous venez de donner, vous avancez l'idée que la réforme est une question de méthode. Vous voulez donc développer un « discours de la méthode » pour ceux qui vont être les acteurs du changement. Sur quelles bases?

Il faut être le plus pragmatique possible et se débarrasser de toute approche idéologique. Il y a ce qui marche et ce qui ne marche pas. L'expérience internationale est suffisamment riche pour que nous puissions en tirer des leçons et les adapter, sans complexe, à la spécificité française. Il y a aussi un certain nombre d'erreurs à ne pas commettre, pour éviter que les mêmes causes ne produisent les mêmes effets, que les mêmes chemins ne conduisent aux mêmes impasses.

Quelles sont les erreurs à éviter?

Commander un nouveau rapport sur la modernisation de l'État, demander à M. Ploc de refaire la copie de M. Picq, transférer l'ENA de Strasbourg à Romorantin. Bref, privilégier les effets d'annonce. Créer un grand « machin » de la réforme, réunir les préfets et refaire une circulaire.

Peut-on alors s'inspirer des techniques de gestion des entreprises?

C'est une autre erreur. Il ne faut pas croire que l'on puisse gérer l'État comme une entreprise, même s'il y a là quelques bonnes idées à prendre.

Périodiquement, de grands défis inspirés des méthodes de gestion à la mode dans le secteur privé sont lancés dans le secteur public. On crée des comités d'usagers, des programmes de qualité pour les services publics. On « rationalise » les choix budgétaires. Ces techniques sont utiles, mais elles connaissent nécessairement des limites. On oublie que les vrais métiers de l'État échappent au calcul économique. Décider du nombre de policiers en Seine-Saint-Denis, c'est un acte politique.

Ne peut-on pas aussi tailler dans les budgets pour obliger les administrations à se restructurer ?

J'ai beaucoup de réticences devant la méthode du bûcheron qui consiste à manier périodiquement la « hache » budgétaire. C'est une méthode barbare, souvent inefficace, douloureuse et politiquement dangereuse. Je ne dis pas que l'on ne peut pas pratiquer de temps en temps cette méthode, mais sa portée est nécessairement limitée. Si l'on désigne une cible précise, on provoque alors des réactions politiques des groupes de pression qui défendent leurs intérêts. Si l'on procède par des gels et des annulations de crédit, en laissant l'administration pratiquer elle-même ces réductions, celle-ci se venge alors en appliquant les coupes budgétaires sur des actions politiquement sensibles, qui vont par exemple détruire des emplois particulièrement visibles.

De plus, un toisage généralisé est particulièrement absurde, car il traite de la même manière celui qui dépense trop et mal et celui qui dépense bien.

Quelles sont les méthodes que vous préconisez ?

Celle des fourmis économes et patientes. Ce qu'il faut, c'est mettre partout ceux qui dépensent en situation de vraie responsabilité. En leur offrant la possibilité de dépenser autrement, ils dépenseront mieux, ils dépenseront moins. On ne soigne pas l'obésité en coupant les vivres, mieux vaut la diététique et la gymnastique.

Comment comptez-vous faire accepter aux gens le régime auquel vous voulez les soumettre ?

La réforme n'est pas une punition, une contrainte, mais une chance. Si l'on propose de réformer, si l'on croit vraiment à ces réformes, c'est parce qu'elles offrent plus d'avantages que d'inconvénients. En bref, elles doivent dégager des bénéfices.

On interroge régulièrement les Français pour leur demander les « sacrifices » qu'ils sont prêts à accepter. Il est vrai que leurs réponses ne sont guère encourageantes. Ceux qui veulent faire bouger la France doivent avoir la réforme entraînante, en expliquer sans relâche les avantages et proposer un partage des bénéfices aux acteurs de la réforme. Sinon, on casse le ressort même de la réforme.

L'audace dans les réformes n'est pas l'ennemie de l'habileté. Le plus court chemin pour aller d'un point à un autre n'est pas forcément la ligne droite. Les marins qui affrontent des vents contraires savent qu'ils doivent « tirer des bords » pour remonter au vent. Quand on a un mur devant soi, il est plus intelligent de le contourner que de foncer droit dedans. On peut aussi chercher à ouvrir une brèche.

Que signifie l'idée d'« habileté » dans la réforme ?

J'ai recensé les travaux de beaucoup d'experts français et étrangers qui ont étudié les méthodes jusqu'ici expérimentées pour assurer le succès des réformes. S'il n'y a pas de remède miracle, il existe en revanche toute une palette de techniques à mettre en œuvre. Expérimenter, évaluer, décentraliser, externaliser, racheter des droits acquis, les échanger contre un avantage immédiat, mettre en concurrence deux structures pour choisir la meilleure, imaginer des alternatives à l'action publique... L'intéressement aux réformes que j'ai évoqué tout à l'heure en parlant des fonctionnaires est une de ces techniques.

Pour quelles raisons ? Est-ce que le statut de la Fonction publique est un obstacle ?

Les agents de l'État, mal considérés, mal payés, mal gérés, sont les premières victimes d'une mauvaise gestion de la Fonction publique. On privilégie l'ancienneté. La notation du fonctionnaire est une formalité qui ne permet pas de distinguer et de récompenser le mérite. Les responsabilités hiérarchiques sont mal valorisées. Un chef de service n'a pratiquement aucune marge de manœuvre dans le choix et dans la récompense de ses collaborateurs. On impose une mobilité géographique souvent inutile et on s'interdit une mobilité fonctionnelle qui serait précieuse.

Le statut de la Fonction publique a été conçu à

l'origine pour protéger les fonctionnaires d'autorité de l'arbitraire politique, du favoritisme, et préserver les citoyens de l'abus de pouvoir. Ce qui est bien.

Ce qui est moins bien, c'est que cette « armure » statutaire a été étendue uniformément à l'ensemble des fonctionnaires. Elle constitue un handicap au moment où la France doit bouger, comme l'étaient les cuirasses de nos chevaliers à Azincourt. Le temps n'est plus où les ministres de la Fonction publique considéraient le statut comme un modèle qui devait « devenir peu à peu une norme valable pour l'ensemble de la société ».

Il existe dans le statut de la Fonction publique des dispositions qui autorisent une certaine souplesse. Commençons par les appliquer, plutôt que de nous en tenir aux coutumes syndicales. Créons aussi d'urgence une nouvelle position statutaire, celle du fonctionnaire « en mobilité », qui permette à celui-ci de se former à une nouvelle tâche et d'être récompensé dans ses efforts de mobilité et de reconversion. Sinon, comme il y a toujours ici et là des fonctionnaires qui manquent, on est condamné à recruter toujours plus.

Faut-il développer l'autonomie de gestion?

Si l'on veut transformer les fonctionnaires en authentiques acteurs de la vie d'un État moderne, il faut diffuser les responsabilités. Dans le dernier rapport en date sur la réforme de l'État, le rapport Picq, on pouvait lire que, « pour la plupart des fonctionnaires, il n'existait qu'un lien extrêmement ténu entre leur métier, la manière dont ils l'exercent et la rémunération qu'ils perçoivent ». Vrai. Il faut mieux reconnaître et récompenser mérite et responsabilité.

Laissons les services déterminer eux-mêmes leurs achats, gérer leurs dépenses, réaffecter les crédits dont ils disposent à d'autres programmes, conserver une partie des économies réalisées. J'avais demandé un jour aux directeurs de mon administration de combien je pouvais baisser leur budget de fonctionnement si, en contrepartie, je leur laissais une totale liberté de gestion des moyens et du personnel. Ils étaient prêts à me donner leur accord sur une baisse de 25 %.

Vous voyez, il ne s'agit pas seulement de faire des économies. Il s'agit aussi de valoriser les hommes.

En développant votre discours de la méthode, vous avez dit qu'il y avait des alternatives à l'action publique. Qu'entendez-vous par là?

Face à une difficulté ou à un problème nouveau, la réaction la plus courante des hommes politiques consiste à intervenir par la loi ou par la subvention.

Or, très souvent, un peu d'imagination et de réflexion économique permettrait de dégager d'autres solutions, plus efficaces. Il y a beaucoup d'avantages pour l'État, les administrations et les collectivités locales à faire faire plutôt qu'à faire eux-mêmes.

Est-ce qu'on peut aussi désengager l'État?

J'ai fait l'expérience de la reconversion des chantiers navals en 1986. Il y avait à l'époque une entreprise en quasi-faillite, largement subventionnée par l'État, à hauteur de 300 000 francs par an et par salarié. Deux solutions se présentaient : reporter le problème à plus tard, ce qui m'était vivement conseillé; ou fermer les chantiers navals avec tous les risques politiques et sociaux que cela comportait. J'ai choisi la seconde solution, mais en utilisant la technique du « donnant-donnant ».

Je suis allé voir Jacques Chirac, et je lui ai dit : « Monsieur le Premier ministre, si l'on ne fait rien, nous serons obligés de continuer à subventionner, ce qui aura un coût budgétaire important dans les deux ans qui viennent. Donnez-moi une partie de cet argent et nous réglerons le problème. » Ce que nous avons fait en donnant au personnel une prime de départ importante, constituant en quelque sorte un capital pour un nouveau départ dans la vie. En donnant aussi aux communes frappées par la fermeture des chantiers navals le bénéfice de zones d'entreprises, négociées avec Bruxelles, permettant d'attirer de nouvelles entreprises au moyen d'une exonération totale de l'impôt sur les sociétés pendant dix ans. Une telle reconversion ne s'est pas faite sans heurts, mais, au bout du compte, il y a eu davantage d'emplois créés que d'emplois supprimés.

Vous avez parlé également de la mise en concurrence des activités publiques. Faut-il tester l'efficacité comparée du public et du privé ?

Oui. C'est une méthode bien connue dans les entreprises. Faut-il faire soi-même ou sous-traiter ? Si une entreprise, une association, ou une collectivité locale se croit capable de faire quelque chose mieux que l'État, laissons-la en faire l'expérience dans des conditions de concurrence loyale. Si l'État prétend mieux faire une activité que le secteur privé, qu'il le prouve en acceptant la concurrence !

Comment engager cela ?

Il y a beaucoup de domaines dans lesquels le test a déjà été fait. C'est ainsi qu'il est évident qu'il faut poursuivre le mouvement de privatisation des entreprises du secteur concurrentiel. L'État est à la fois un mauvais entrepreneur et un mauvais actionnaire, les preuves ne manquent pas.

Mais je pense qu'il est possible et nécessaire d'élargir cet allégement de l'État au-delà de ses seules activités relevant du secteur concurrentiel.

On peut remettre sur le marché une partie du domaine public. L'État, les collectivités locales, les grandes entreprises publiques possèdent des terrains, des immeubles et des équipements dont la propriété et la gestion pourraient être mieux assurées, le plus souvent, par l'initiative privée. De même un certain nombre d'activités de l'État gagneraient à être transformées en agences autonomes, comme le font beaucoup de pays.

Enfin, à l'intérieur même du service public, on peut introduire des mécanismes qui permettent de soumettre en permanence le service au test du consommateur.

Vous souhaitez rendre le service public plus efficace en lui appliquant des raisonnements de marché. Quel gain d'efficacité en attendez-vous ?

Lorsque l'usager ne peut pas faire jouer la concurrence, il doit néanmoins ne pas être un usager captif et disposer d'un certain nombre de droits.

Les Anglais ont expérimenté avec succès l'idée des chartes d'usagers. De telles chartes ont été évoquées en France pendant la campagne présidentielle. De quoi s'agit-il ? De mobiliser chaque service dans la définition d'objectifs d'efficacité, et dans la mise au point d'instruments d'évaluation fiable des performances. Sur cette base, des droits sont donnés aux usagers et solennisés dans une charte. Par exemple : droit d'accomplir en une seule fois, en un seul lieu, une même formalité ; droit d'être « satisfait ou remboursé ».

En pratique, qu'est-ce que cela veut dire, « satisfait ou remboursé » ?

Si je n'ai pas eu mon passeport dans un délai déterminé, je ne paye pas de timbre fiscal. Si mon avion arrive en retard, j'ai droit à un vol gratuit. C'est après tout la démarche commerciale de bien des entreprises.

Le succès de cette démarche repose avant tout sur la mobilisation des agents de services en cause et leur intéressement aux résultats. Ce sont eux qui vont faire évoluer leur service.

Dans ce raisonnement, que deviennent les grands services publics ?

L'ouverture à la concurrence de nombreux secteurs protégés est une nécessité : dans l'énergie, les télécommunications, les transports, dans certains secteurs de l'action sociale.

Nos grands services publics doivent évoluer ou périr. Faute de s'adapter à temps, ils sont menacés par le syndrome « Air France ». Le service public, ce n'est pas le droit d'exploiter un public captif, mais le devoir de servir le public au mieux. Cette évolution nécessaire de nos services publics ne doit pas être vécue comme une sorte de calamité que nous imposeraient les « technocrates » de Bruxelles.

Les expériences étrangères ont montré que, partout dans le monde, l'ouverture à la concurrence stimule la croissance et l'innovation. Elle provoque une offre de services nouveaux et fait baisser les prix. Le consommateur en tire rapidement bénéfice, tant en raison de l'apparition de nouveaux services que de l'amélioration des services rendus. Il bénéficie d'une liberté de choix plus grande et de services plus compétitifs.

Prenez les transports aériens. Je ne vois pas au nom de quels principes sacrés nous aurions dû nous priver d'un billet moins cher sur un vol Paris-Nice, offert par une autre compagnie qu'Air Inter !

De nouvelles compagnies aériennes apparaissent. La concurrence se développe, même si les bureaucraties de l'aviation freinent des quatre fers l'apparition de cette concurrence. Et on voit même des villes moyennes, oubliées par les grandes compagnies nationales, développer des aéroports et trouver des clientèles nouvelles. Voyager mieux, plus loin et moins cher, c'est un progrès social.

Et France Télécom ?

France Télécom est le quatrième opérateur de téléphone du monde et a tout à gagner à devenir une entreprise à part entière. France Télécom a besoin d'alliances, de capitaux et de marchés nouveaux. Seule la transformation de son statut lui permettra d'affronter la concurrence à armes égales.

C'est aussi l'intérêt du consommateur. Si, en très peu d'années, le téléphone portable s'est développé en baissant ses prix, c'est grâce à la concurrence.

Mais le personnel peut-il en faire les frais ?

Laissons-le choisir. Qu'on laisse la garantie de leur ancien statut à ceux qui ne voudraient pas bénéficier des avantages qui peuvent résulter de la transformation de France Télécom en entreprise comme les autres.

Certains de ces services publics sont très endettés, n'est-ce pas là un obstacle à la privatisation ?

Il est clair que la rentabilité actuelle de la SNCF ne lui permet de faire face ni aux dettes anciennes ni aux investissements nouveaux nécessaires. Et, de plus, il lui faut se préparer à la concurrence entre entreprises ferroviaires. Dans la plupart des pays européens, la mise en œuvre d'une directive communautaire a été l'occasion d'engager des réformes lourdes des réseaux ferroviaires : séparation des activités, ouverture sur l'extérieur, voire transfert de compétences.

La SNCF aussi doit se mettre à l'heure de l'Europe. Il y a bien sûr le problème de ces milliers de kilomètres de lignes non rentables qu'il faudrait fermer. À l'heure des autoroutes et des voitures individuelles, il y a des choix à faire. D'autant que l'expérience prouve qu'il existe des lignes non rentables pour la SNCF et qui peuvent devenir rentables pour un autre exploitant.

C'est ainsi que, depuis 1990, une entreprise privée assure l'exploitation d'un petit réseau de quatre-vingt-dix kilomètres au cœur de la Bretagne, avec un nouveau train, compromis entre l'autocar et l'autorail classique, et, à bord, un seul employé chargé de la vente du billet et de la conduite. Les coûts d'exploitation ont diminué et le trafic a augmenté.

Y a-t-il urgence à faire évoluer la gestion des services publics ?

Oui. Rappelez-vous le paquebot *France*, cette chanson *Ne m'appelez plus jamais France...* ! Un si beau navire, que le monde entier nous enviait, mais géré à la française, avec ses rigidités, ses corporatismes, ses 1 500 salariés. Il filait les déficits. Rebaptisé *Norway*, il dégage des bénéfices. Il existe des règles de bonne gestion de l'argent public auxquelles on ne peut pas durablement échapper.

Pourtant les gaspillages de l'argent public sont nombreux...

Il y a quelque temps, j'ai « osé » reprendre à la télévision une critique de la Cour des comptes contre des gestionnaires de notre protection sociale qui, au cours de leur repas, commandaient des grands vins à plus de 1 000 francs la bouteille. Bien sûr, cela n'est rien comparé au déficit de la Sécurité sociale. Ce ne sont pas les 1 000 francs qui sont en cause, mais le mauvais exemple ainsi donné.

Notre pays s'affaiblit de ces milliers de petits coups d'épingle d'incivilité et de gaspillage de l'argent public.

Quand j'étais enfant, ma grand-mère, employée dans une école communale, avait deux encriers. Si elle écrivait une lettre personnelle pendant ses heures de pause, à l'école, elle le faisait avec son encre et non pas avec celle de l'école publique. Autre époque.

Moi, je suis toujours ébahi de la facilité avec laquelle on dispose de l'argent public. La leçon que j'ai tirée des « deux encriers » de ma grand-mère, c'est que l'argent public, celui des contribuables, c'est sacré.

Et quelles conséquences en tirez-vous ?

Ce n'est pas toujours très simple. Je me souviens d'un ami, chef d'entreprise, venu un jour me demander une subvention parce qu'il reprenait une entreprise en difficulté. Je lui ai répondu : « Je ne peux pas le faire pour deux raisons. La première, parce que vous êtes mon ami. La seconde, parce que j'estime que vous n'en avez pas besoin. » Il est reparti un peu grincheux, mais quelque temps plus tard il m'a envoyé un mot très gentil où il était écrit : « Vous aviez raison, je n'en avais pas besoin pour redresser cette entreprise. »

Il faut savoir dire non à un moment donné. L'autorité publique, ce n'est pas le pouvoir de dire « oui », dire oui à des chefs d'entreprise qui viennent vous tenir le raisonnement suivant : « Je n'ai pas réussi à convaincre mes clients, mes banquiers ou mes actionnaires, alors je viens vous voir... »

C'est pour cela que, dans ma vie ministérielle, j'ai toujours cherché à supprimer les organismes inutiles, comme le Centre mondial de l'informatique, par exemple, qui nous coûtait chaque année plus d'une centaine de millions de francs.

En arrivant à Bercy, j'ai hérité des grands dossiers de gaspillage de l'argent public, des dossiers au règlement coûteux pour le contribuable. Et j'ai estimé qu'il était de mon devoir de faire venir un magistrat spécialisé au cabinet du ministre pour expertiser les doutes qui pouvaient naître à l'examen de ces dossiers.

N'est-ce pas là une critique un peu trop facile des modes de gestion de l'État !

Quand on voit avec quelle vigueur les fonds de pension américains participent au capitalisme et défendent les intérêts de ceux qui leur font confiance, on mesure à quel point l'argent du contribuable est mal défendu !

La Cour des comptes dresse chaque année le catalogue des malfaçons publiques. Il faut qu'une suite soit donnée. Il faut que nous disposions de systèmes permanents et contradictoires d'évaluation de l'action publique.

Mais il existe déjà des dispositions...

Malgré quelques tentatives méritoires, il n'existe pas encore de dispositifs d'évaluation performants. Le service public est le prétexte à l'obscurité la plus totale sur le coût réel du service rendu, tant pour l'usager que pour le contribuable.

La liste des choix malheureux serait longue à établir : l'urbanisation de l'après-guerre et la bombe à retardement des banlieues, la construction en catastrophe d'universités-parkings dans les années 60, l'absence de prévision des restructurations industrielles des années 70, l'incapacité de mise en œuvre d'une véritable politique de la ville et tous les grands programmes coûteux et inutiles lancés sans débats démocratiques, sans même que le Parlement en ait été saisi.

C'est pour cette raison que j'avais soutenu très fortement l'idée de créer un office d'évaluation des politiques publiques à l'Assemblée nationale. Je l'aurais même souhaité plus ambitieux...

Mais, si l'État doit se désengager, n'avez-vous pas peur de livrer les gens à eux-mêmes ?

Ce qui doit reculer, c'est l'État envahissant. Ce qui doit progresser, c'est la société civile et les règles de droit. Cela signifie concrètement que nous devons, chaque fois que possible, substituer le contrat à la réglementation étatique et à la législation.

C'est pour cela que je suis défenseur depuis toujours d'une vraie politique contractuelle. Si celle-ci fonctionne mal, c'est que l'État veut trop se mêler des relations entre les partenaires sociaux. Et pour faire bonne mesure, ajoutons que ceux-ci veulent aussi se mêler de la politique du gouvernement. La bonne politique contractuelle, c'est celle où les entreprises et les syndicats font directement leurs affaires ensemble, à l'exemple du récent accord sur le départ en retraite des travailleurs qui ont cotisé durant quarante ans en contrepartie d'embauches supplémentaires.

Dans le même esprit, je pense qu'il faudrait laisser des plages de liberté beaucoup plus grandes dans notre droit pour redonner force aux contrats. Les lois doivent fixer quelques grandes règles générales, et non entrer dans les détails.

C'est particulièrement vrai pour tout ce qui a trait à la vie de l'entreprise. Le Code du travail impose des normes d'une précision méticuleuse, alors qu'il serait probablement tout à fait possible de laisser le contrat, individuel et collectif, organiser les rapports de travail dans un cadre plus souple et tout aussi protecteur.

J'ai même proposé en ce sens – l'idée continue de faire son chemin – un « statut de l'expérimentation » permettant sous certaines conditions d'évaluation et de contrôle, et avec l'accord des parties concernées, de déroger à la législation existante pour imaginer des solutions nouvelles, visant à atteindre les objectifs généraux fixés par la loi par d'autres moyens que ceux prévus par la loi.

Pourquoi ce recul du champ d'intervention de la loi ?

Parce que l'inflation législative est aussi pernicieuse que l'inflation monétaire : elle conduit à la dévaluation du droit. Trop de lois tue le droit.

Les Français savent d'ailleurs très bien faire la différence entre le vrai droit, les « lois de toujours », qui méritent le respect, comme le droit pénal, les règles générales de responsabilité du Code civil... et les « lois d'un jour », lois de circonstance, qu'une majorité peut faire ou défaire.

Comment pouvez-vous lutter contre cette inflation ?

L'inflation, c'est 8 000 lois, 400 000 décrets et règlements, 17 000 pages de *Journal officiel* chaque année, sans oublier 20 000 textes d'origine européenne. Si nul n'est censé ignorer la loi, tout citoyen est un délinquant en puissance. C'est se moquer du monde : personne n'est censé se reconnaître dans cette accumulation de lois.

Qu'est devenue l'égalité devant la loi ? Il y a ceux qui savent se débrouiller avec des conseillers efficaces, et les autres, les simples citoyens, qui se perdent dans le labyrinthe des formulaires et des règlements.

À la fin de la Révolution française, Napoléon a confié aux plus grands juristes le soin de tailler dans le maquis des règles, des coutumes et des usages de l'Ancien Régime pour faire naître le droit français. Aujourd'hui, il est devenu urgent de recodifier le droit existant.

Mais il ne suffit plus maintenant de toiletter les textes. Il faut revenir aux sources, tirer de nos textes quelques grands principes de droit, les codifier de façon claire.

N'est-ce pas là un travail sans fin ?

La machine à réglementer tourne trop vite. Pour chaque nouveau texte, il faut se demander : à quoi cela sert-il ? Est-ce indispensable ? Ne peut-on pas faire autrement ? Cela s'appelle l' « étude d'impact », c'est prévu par une circulaire du Premier ministre, et ce n'est jamais respecté ! Et pourtant, cela relève du simple bon sens.

Je suis partisan d'un vrai programme de simplification. Chaque année, un projet de loi portant diverses mesures de simplification administrative devrait être soumis au Parlement. Je suis convaincu que les parlementaires sauraient alors rivaliser d'imagination pour simplifier la vie des citoyens.

Une société du droit et du contrat a besoin d'une justice plus forte. Est-ce le cas ? N'est-elle pas autant décriée, sinon davantage, que les autres institutions ?

Certaines années, le déficit de la régie Renault a été supérieur au budget de la Justice. Pour que la société civile progresse, il faut que la justice fonctionne.

La justice n'est pas une institution comme les autres. C'est un service essentiel, le recours de la liberté contre l'arbitraire, la protection des faibles contre les puissants. Il est anormal, par exemple, qu'un litige du travail attende trois ans, quatre ans, avant d'être jugé.

C'est pour cela que, ministre des Finances, j'étais le meilleur soutien du ministre de la Justice pour l'augmentation de son budget.

Autre piste, la décentralisation. Quel regard portez-vous sur le chemin parcouru dans ce domaine ?

La centralisation, c'est le mal français. C'est la paralysie aux extrémités et l'apoplexie du centre.

Un pouvoir plus proche des citoyens, c'est toujours un pouvoir plus attentif, plus efficace et plus économe. Mais nul doute que la décentralisation engagée devra être poursuivie, car elle se traduit encore trop par un enchevêtrement des responsabilités, une addition des services et des administrations.

Dans un monde complexe, beaucoup de pays ont un grand avantage sur la France. Leur structure fédérale ou fortement décentralisée entraîne une disparité des règles du jeu qui permet d'essayer des solutions nouvelles, des idées originales, des innovations administratives qu'aucun pays ne se risquerait de tester à l'échelle nationale.

La France est un grand paquebot que l'on ne sait faire virer qu'à coups de grandes lois, qui mettent elles-mêmes des années à s'appliquer.

Il est donc extrêmement important de développer très fortement les pouvoirs donnés aux collectivités décentralisées, pour nous permettre à nous aussi de piloter le changement par ce jeu complexe d'essais et d'erreurs.

Il est impossible de parler de la décentralisation sans évoquer l'aménagement du territoire...

Quand, venant de Bretagne, je monte à Paris, il m'arrive de prendre les petites routes à l'approche de la capitale. On y voyait encore récemment d'immenses espaces agricoles avec des pancartes tous les cent mètres : « L'agriculture veut vivre », « Non à la Politique agricole commune », « Laissez vivre l'agriculture ». Et, de temps en temps, des petites maisons, serrées dans d'étroits lotissements. Puis des logements empilés dans des tours. Curieux paradoxe : nous sommes en Europe le pays qui a le record de concentration urbaine et, en même temps, celui qui dispose des plus vastes espaces ! Les banlieues explosent et les campagnes se vident. Absurdité de la réglementation...

Nous devions mieux répartir notre population sur le territoire. Si on avait su ouvrir l'espace par de vraies grand-routes à deux fois deux voies ou par des moyens de transport rapides, si les voitures et l'essence avaient été moins taxées, nous aurions une mobilité plus grande.

Une famille est certainement plus heureuse dans une vraie maison, même modeste, avec mille cinq cents mètres carrés de terrain. Et si, pour vivre ainsi, il faut faire trente kilomètres pour aller travailler, cela peut prendre moins de temps que de faire cinq kilomètres dans une agglomération embouteillée. C'est ainsi que l'on aurait dû préserver nos villages, nos écoles et nos commerces.

On a préféré entraver, taxer la mobilité, et on s'étonne des concentrations urbaines et du mal-vivre de nos « cités radieuses ». Quel gâchis !

Pour mettre en œuvre les réformes profondes que vous souhaitez, faut-il avoir recours au référendum, puisque la Constitution le permet maintenant ?

Le référendum peut effectivement être une arme précieuse pour faire sauter les verrous qui bloquent la société française.

Il est des consensus que l'on ne peut réaliser et des choix qu'on ne peut éluder. J'ai déjà dit que les Français me paraissaient plus réformateurs que ceux qui les représentaient. C'est dans ce sens que le référendum peut permettre de s'appuyer sur l'opinion pour faire de vrais choix. Sans doute en aurons-nous besoin.

2.

L'emploi retrouvé

L'échec répété des politiques mises en œuvre contre le chômage a fini par transformer ce chômage en fatalité. Peut-il en être autrement ?

Je suis persuadé qu'il est possible de faire reculer massivement le chômage et de reconstruire une société qui offre du travail à tous. Je suis résolument optimiste. Pour cela, il faut rompre définitivement avec une politique d'expédients et de traitement statistique du chômage pour attaquer résolument le mal à sa racine.

Ce mal, qui est plus profond en France qu'ailleurs, a selon moi trois origines. D'abord, une origine monétaire et financière, dont nous reparlerons. Ensuite, un incroyable amoncellement de rigidités, qui pèsent sur l'entreprise et entravent le marché du travail. De ces rigidités qui faisaient déjà dire à l'économiste Alfred Sauvy, il y a plus de quinze ans : « L'économie est marquée par une immense faiblesse, une lâcheté universelle. Personne n'ose le dire et regarder la réalité en face. » Enfin, nous regardons trop souvent le problème de l'emploi dans un rétroviseur. Nous cherchons à prolonger le passé plutôt qu'à découvrir ce que seront les emplois de demain.

Précisément, à quoi ressemblent ces emplois de demain ?

Le paysage sera très différent. Moins d'emplois directs dans les grandes industries manufacturières, davantage d'emplois indirects autour de nos grandes entreprises. Un tissu beaucoup plus dense de PME. De nouvelles formes d'emploi faisant appel au temps choisi, à la pluriactivité. Un fort développement des professions indépendantes : travailleurs indépendants organisés en réseaux, télé-travailleurs, artisans, professions libérales, consultants...

Qui va pouvoir créer ces emplois ?

Ce ne sont pas les préfets qui vont créer les emplois. Pour multiplier les emplois, il faut multiplier les entrepreneurs, diviser les obstacles qui sont sur leur chemin, inventer de nouvelles formes de travail et d'emploi. C'est ce que j'appelle la « relance par l'entrepreneur ». Il y a aujourd'hui 2 400 000 entrepreneurs en France. Ils constituent 2 400 000 chances de créer des emplois. Des millions de Français, aussi, souhaiteraient se mettre à leur compte, créer leur entreprise. Ils constituent autant de chances supplémentaires.

Que peut-on concrètement attendre de cette relance par l'entrepreneur ?

La France a la capacité de créer 500 000 à 600 000 emplois par an. À condition d'entreprendre les quelques réformes nécessaires en nous inspirant de ce qu'il y a de meilleur chez nos principaux partenaires. Avec une politique « à l'allemande » de développement des petites et moyennes entreprises et de reconstitution du tissu industriel. En nous donnant enfin un régime de transmission d'entreprise « à l'européenne ». En développant le travail indépendant comme en Angleterre, en favorisant la création d'entreprise et la mobilisation de l'épargne de proximité comme aux États-Unis, en encourageant le développement de l'initiative locale comme en Italie ou en Allemagne.

Cet objectif est à notre portée. Je rappelle que, dans la foulée de la politique économique menée entre 1986 et 1988, nous avons créé 800 000 emplois en deux ans.

Pourtant la confiance n'est pas là, et personne ne croit au retour du plein emploi...

Commençons par combattre ce sentiment de fatalité qui fait dire à beaucoup que nous serions entrés dans une époque marquée par l'épuisement des bienfaits de la société de consommation, le vieillissement de la population, l'incapacité de faire face à une concurrence de produits venant de pays plus jeunes en pleine ascension économique. Bref, nous serions condamnés à ne plus jamais être en mesure d'assurer le retour au plein emploi dans nos vieilles sociétés européennes. S'il est peu raisonnable d'envisager au début du XXIe siècle le retour au plein emploi traditionnel, il est en revanche tout à fait certain que nous pouvons faciliter l'émergence d'une société capable d'offrir du travail à tous.

Il y a pourtant beaucoup de chômage et d'exclusion...

C'est un immense gâchis humain et financier que de voir une grande partie de la population condamnée à l'inutilité. Et ces condamnés ne sont en rien coupables, ils ne sont que les victimes d'une mauvaise organisation de notre société. On fait la queue en France pour trouver un emploi comme on faisait la queue en URSS, il n'y a pas si longtemps, pour subsister. C'est trop facile de chercher des boucs émissaires à notre chômage : trop de jeunes, trop de vieux, la faute aux machines, aux immigrés, aux importations !

Ce n'est pourtant pas faute d'avoir multiplié les plans pour l'emploi ?

La bonne volonté des gouvernements successifs n'est pas en cause. Mais les bonnes intentions ne font pas toujours les bonnes politiques. L'inefficacité, voire la contre-productivité des mesures en faveur de l'emploi, s'explique par le fait que ce sont le plus souvent des actions à courte vue, qui ne prennent en compte que les aspects « visibles » du chômage.

C'est ce que j'appelle le « syndrome du réverbère » : l'histoire de cet homme en état d'ébriété qui cherche sa clé sous la lumière d'un réverbère. À un passant qui lui demande s'il est sûr d'avoir perdu sa clé à cet endroit, il répond : « Non, mais ici il y a de la lumière. »

Vous voulez dire qu'on cherche à créer des emplois là où il n'y a pas forcément de travail ?

Un emploi, c'est par définition une activité qui produit davantage de richesses qu'elle n'en consomme.

Or, à multiplier les mesures pour l'emploi, on en a oublié ce qu'est véritablement un emploi.

Qu'est-ce qu'un vrai emploi ?

Pendant très longtemps, on a enseigné l'économie à partir d'une histoire simple imaginée par l'économiste du XIXe siècle, Frédéric Bastiat : un gamin se promène dans la rue et casse des vitres. Des passants, qui voient le vitrier arriver, se réjouissent et se disent : voilà du travail pour le vitrier ! Erreur. Ce que les passants voient, c'est l'activité créée par le remplacement de la vitre. Ce qu'ils ne voient pas, c'est que l'argent dépensé pour remplacer la vitre aurait pu être dépensé ailleurs, par exemple pour acheter une paire de chaussures. Dans le premier cas, il n'y a qu'une vitre. Dans le second, il y a une vitre et une paire de chaussures. Combien de responsables économiques et politiques voyons-nous commettre la même erreur que ces passants ! Avec le même raisonnement, il y aurait intérêt à multiplier les accidents de voiture pour créer des emplois, puisque ces accidents font travailler des garagistes, des mécaniciens, des chirurgiens, des infirmières, des avocats et des assureurs.

On pourrait appliquer le même raisonnement aux emplois subventionnés ?

Il est vrai qu'on subventionne encore certains emplois de mineurs à plus d'un million de francs par an, emplois garantis jusqu'à la fermeture des mines, en 2002 ou 2005. Tout cela pour extraire un charbon dont le coût de revient est près de trois fois supérieur au prix du charbon importé. C'est comme si la fabrication des billets de 100 francs coûtait 300 francs. C'est doublement absurde. Humainement, pour ces hommes qui effectuent un travail pénible. Cela coûterait bien moins cher d'utiliser une faible partie des sommes ainsi gaspillées jusqu'au-delà de l'an 2000 pour leur permettre d'arrêter ou de se reconvertir. Économiquement, parce qu'il s'agit là de l'exemple même de ces faux emplois destructeurs de richesses.

Les emplois inutiles empêchent les emplois nécessaires de naître. Tous les emplois qui cohabitent dans les statistiques ne se valent pas. Il existe de vrais emplois et des emplois artificiels.

À vous entendre, l'économie devrait permettre de créer des emplois pratiquement sans limite. N'est-ce pas exagéré ?

J'ai reçu dans mon courrier une lettre d'une jeune ouvrière d'une usine textile de l'Est, aujourd'hui au chômage.

« Après une guerre, m'écrit-elle, tout est à refaire. Pendant une crise comme celle que nous vivons quotidiennement, nous avons tout à construire. Or, toutes les personnes qui sont à l'ANPE ont une expérience dans leur domaine. Imaginons que des chômeurs, qui, aujourd'hui, s'ignorent et dont la dignité n'existe plus, s'organisent comme une ville.

« Un champ, un jardinier chômeur, des graines et voilà la chaîne qui démarre. Son client sera le chômeur qui est en face de sa maison. Les chômeurs deviennent forgerons, mécaniciens, peintres, maçons, couvreurs, charpentiers, plombiers, etc. Toutes ces personnes, aujourd'hui au chômage, vont travailler demain l'une pour l'autre. Le docteur a besoin d'une maison, il y aura un maçon, un peintre, un plâtrier, etc. Le plâtrier aura besoin de se nourrir, il ira chez le jardinier et chez le boucher. Le jardinier a besoin de se fournir en graines, il ira chez le grainetier, etc. »

Il n'y a rien à ajouter à cette vision. Les mots sont simples. Certains diront trop simples, mais le remède est fondamentalement juste : le travail est illimité. Reste à faire en sorte que les hommes puissent se donner du travail les uns aux autres, et pour cela venir à bout des contraintes et des rigidités qui brident l'initiative, tuent l'emploi et étouffent le travail.

Pourquoi donc ce système simple ne se remet-il pas à fonctionner ?

Le chômage n'est pas autre chose qu'une panne des circuits d'échange, panne dont la faute n'incombe en rien aux principes de l'économie de marché ni aux entrepreneurs. La cause, c'est l'accumulation de contraintes réglementaires et fiscales dont l'effet est de démotiver massivement les créateurs, d'entraver la liberté du travail et la liberté d'échange. Il faut retourner aux bases de l'économie : CRÉER ET ÉCHANGER. Le chômage est une panne de la création, une panne de l'échange.

Mais comment substituer au cercle vicieux de la destruction d'emploi un cercle vertueux de la création de travail ?

À la base de la création d'emplois, il y a l'initiative.

Imaginons qu'un homme ait envie de jouer aux cartes et qu'il entre dans une salle de jeu. Soit il tourne autour des tables de jeu, essayant de trouver une place libre ou d'occuper celle d'un autre joueur. Soit il trouve trois autres personnes qui ne jouaient pas, mais qui acceptent de jouer avec lui. Un jeu de cartes, une table, des chaises, et voilà une nouvelle partie qui commence... Ce qui est possible dans cet ensemble l'est aussi dans la vie. Le travail n'est pas un jeu de chaises musicales où la place gagnée par l'un est nécessairement perdue par l'autre. Le travail crée le travail. Toute la question est d'élargir le cercle de l'échange, le cercle du possible.

Imaginez qu'un bateau échoue sur une île déserte avec 1 000 personnes, passagers et équipage à bord. Cela ne fera pas 1 000 chômeurs, mais 1 000 personnes qui s'organiseront entre elles, se donneront du travail les unes aux autres pour s'installer et subsister sur l'île. De même, on peut observer qu'au lendemain d'une guerre, alors qu'un pays est ruiné, que ses usines sont détruites, que des centaines de milliers de personnes reviennent du front ou des camps, il n'y a pas de chômage massif mais, au contraire, un fort développement économique. Lorsque les pieds-noirs sont revenus d'Algérie en 1962, ils se sont rapidement réinsérés dans l'économie française.

Comment réamorcer ces échanges ?

Que quelqu'un ait l'idée de créer une activité nouvelle, de se mettre à son compte, qu'un petit entrepreneur achète une machine, agrandisse son bâtiment, embauche une personne, qu'il trouve les crédits et les capitaux nécessaires, et voici que s'enclenche le cercle vertueux de la croissance et de l'emploi. La croissance et la création d'emplois ne sont pas le fruit d'une génération spontanée. Elles sont le produit de l'action des hommes, plus spécifiquement de celle des entrepreneurs. On parle parfois de « gisements d'emplois ». C'est un raccourci, car les emplois ne sont pas une richesse préexistante, un gisement de pépites qu'il s'agirait de découvrir. Ils sont à inventer et les inventeurs d'emplois s'appellent les entrepreneurs.

La croissance, c'est fondamentalement le conflit du vieux et du neuf. Le développement d'une activité existante est, par nature, « destructeur » d'emplois. Car la tendance normale de toute société, de toute entreprise en progrès est de produire autant avec moins de personnes employées, pour améliorer sa rentabilité. Ces gains de productivité sont utiles puisque, en se déversant dans l'économie, ils permettent de créer d'autres emplois. Il en va, hélas, autrement lorsque ces gains de productivité sont confisqués par l'impôt et servent à nourrir un excès de dépenses publiques. Dans ce cas, la croissance non seulement ne crée plus d'emplois mais peut même en détruire.

Pour qu'il y ait progression du nombre d'emplois, il faut qu'il y ait des gens qui aient constamment envie de produire de nouveaux biens et de nouveaux services. Comme me l'a dit un jour Nicole Notat, aujourd'hui secrétaire générale de la CFDT : « Gutenberg n'a pas attendu le développement du marché du livre pour inventer l'imprimerie. » De nouvelles entreprises, de nouvelles activités, des innovations, voilà la recette de l'emploi.

C'est ce que vous appelez la relance par l'entrepreneur ?

Oui. Et pour qu'il y ait sans cesse de nouveaux entrepreneurs, il faut arrêter d'entraver la liberté d'entreprendre. Il faut donc rendre aux Français – pas seulement aux dirigeants d'entreprise, mais aussi à leurs cadres et à leurs salariés – le goût d'entreprendre, d'innover, de créer, et relancer les initiatives. Dans la bataille pour la création d'emplois, tout commence par en bas. Ce qu'il faut, c'est mobiliser le talent, l'énergie de tous ceux qui vont découvrir le futur.

La nouveauté, c'est que notre économie s'appuie de plus en plus sur l'innovation et la création...

Ce que nous vivons ce n'est pas une crise, mais une profonde mutation de notre société et de notre économie. Comme celle que nous avons déjà vécue lors de la révolution agraire ou de la révolution industrielle. Cette révolution est celle du savoir, portée par le formidable développement des technologies de l'information. Nous n'en sommes qu'au tout premier âge, à l'image de ce qu'étaient les premiers avions à hélice avant la Première Guerre mondiale, par rapport à la conquête de l'espace aujourd'hui. Dans le même temps, plus de 2 milliards d'hommes se libèrent des systèmes dirigistes et communistes, entrent avec confiance dans l'économie de marché et nous rejoignent dans le commerce mondial, sortent de la pauvreté et connaissent souvent une croissance à deux chiffres.

Enfin, capitaux et information ne connaissent plus de frontières. Si bien que ce ne sont plus les matières premières, les sources d'énergie qui comptent, mais le savoir, le travail et l'organisation efficace du travail... La clé de la compétitivité, c'est l'invention, l'imagination, le goût de créer, la qualité et le talent d'entreprendre. Plus que jamais, « il n'y a de richesses que d'hommes ».

Et dans ce nouveau monde, la France, quatrième exportateur mondial, en tête dans les industries de la communication, deuxième exportateur de services, me paraît bien placée pour faire la course en tête.

Quelles sont les conséquences pour la France de cette mondialisation de l'économie ?

Regardez le stylo que j'ai entre les mains. Il est français et même marqué « made in France »... En réalité, il est le produit complexe d'une économie mondiale. Si son dessin est français, il fait appel à la chimie allemande. Il intègre les cours des matières premières, l'or, le caoutchouc ou le pétrole. Il utilise des technologies issues de la culture scientifique mondiale. Il vise un marché universel où le client japonais, allemand, américain ou français commande. Qui pourra jamais détailler les machines, les connaissances, les moyens de transport qu'il a fallu mobiliser pour fabriquer tous les éléments qui composent ce stylo ? Dans la composition des produits, même les plus simples, il entre désormais plus de matière grise que de matière première. Recherche et développement, maintenance, activité publicitaire et commerciale. La valeur d'un médicament ne dépend pas des quelques molécules qui le composent, mais de la recherche qu'il intègre.

Dans un monde aussi complexe où interagissent les comportements de millions d'individus, où se combinent des milliards d'informations, la bonne réponse ne consiste pas à chercher à maîtriser cette complexité par la centralisation et la multiplication des réglementations publiques, mais à permettre l'autocoordination en offrant davantage de liberté et d'autonomie aux acteurs de la vie économique.

Dans cette économie à « matière grise ajoutée », nous n'allons pas entrer en essayant de baisser le coût du travail, pour rivaliser avec les salariés du Bangladesh, mais en mettant toujours plus de valeur ajoutée dans nos produits ou dans nos services. L'économie à venir, ce n'est plus des hommes et des femmes œuvrant à la chaîne et effectuant des tâches de robots. Ce qui est machinal, la machine le fait ou le fera. Ce que la machine ne fait pas aujourd'hui, le Chinois le fait déjà. Ce que le Chinois fait aujourd'hui, nos machines le feront demain ! Notre objectif doit être de recourir à un maximum d'initiative, d'intelligence, de valeur ajoutée, de créativité en cherchant le plein emploi de nos talents et de nos énergies. Nous avons besoin de grandes entreprises de pointe, engagées à plein dans la compétition internationale, même si elles ne créent pas directement les emplois qui nous manquent. Nous avons besoin de mieux mobiliser nos chercheurs et nos savants.

L'avenir ne passe pas que par l'industrie ?

Je pense que cette nouvelle économie sera aussi très fortement créatrice et consommatrice de services, de services à forte valeur ajoutée, mais aussi d'emplois à qualité de vie ou à art de vivre ajoutés.

Comment jugez-vous le secteur des PME, dont vous avez eu la charge en tant que ministre des Entreprises, et qui représente justement cette forte capacité d'innovation dont vous parlez ?

Les entreprises familiales ont joué un rôle fondamental dans la première grande révolution industrielle du XIXe siècle. Dans la nouvelle économie qui est en train de se dessiner, ces entreprises familiales vont à nouveau jouer un rôle clé. On a trop longtemps vu trop grand, trop lourd et trop cher. Notre haute administration a eu trop longtemps les yeux de l'amour pour la grande entreprise et tout particulièrement pour la grande entreprise publique. On a cru trop longtemps que le progrès économique s'identifiait à des entreprises toujours plus grandes. On redécouvre aujourd'hui les vertus, la souplesse, la capacité d'innovation, le rôle irremplaçable en matière de création d'emplois des entreprises indépendantes et familiales.

Aujourd'hui, il nous faut « miser sur les petits » : petits entrepreneurs, travailleurs indépendants, commerçants, artisans... Ces « petits » entrepreneurs ne constituent pas je ne sais quelle survivance du passé, condamnée au nom de la rationalisation économique. Ils sont la préfiguration de l'activité économique à taille humaine, telle qu'elle pourrait se développer.

Quelle est leur place aujourd'hui ?

Dans un monde en crise, l'artisanat, le commerce, les professions indépendantes, la petite entreprise représentent un facteur évident d'équilibre. L'entrepreneur ne crée pas seulement de la valeur ajoutée. Il est producteur de valeurs sociales, l'entreprise familiale est une école de responsabilité. De ce point de vue, le commerçant établi à son compte et la caissière d'un hypermarché ne jouent pas le même rôle social, même si, dans les statistiques, ils figurent tous deux comme des emplois du commerce.

Que faut-il faire pour aider ces petites entreprises à se développer ?

La question n'est pas aujourd'hui de faire un plan PME en plus, mais d'engager un programme « choc » d'action en faveur de la PME familiale. Je dis souvent que, pour une région, pour une ville, dix entreprises en plus, c'est la prospérité, dix entreprises en moins, c'est le déclin.

Que proposez-vous pour les PME ?

D'abord, des mesures fortes pour renforcer leurs fonds propres, les rendre plus solides et leur donner les moyens de se développer. Pour cela, il faut trouver des sources de capitaux à mettre à leur disposition, des « tuyaux » permettant d'acheminer vers elles cette épargne et des marchés spécialisés permettant de gérer ces placements. Dans tous les pays, les fonds de pension jouent un rôle important dans le développement des moyennes entreprises à fort potentiel de croissance. C'est la raison pour laquelle je souhaite, vous le savez, que l'on développe le plus rapidement possible des fonds de pension à la française.

Ensuite, il faut favoriser fiscalement l'épargne qui s'investit dans la création et le développement des petites et moyennes entreprises. Pour cela, j'ai créé en 1994, comme ministre des Entreprises, des avantages fiscaux importants dans la loi « Initiative et entreprise individuelle ». Puis comme ministre des Finances, en juillet 1995, je les ai augmentés dans le collectif budgétaire. J'entendais aller beaucoup plus loin encore dans le budget 1996. Plutôt que de subventionner les entreprises à partir de l'impôt des contribuables, mieux vaut inciter ces derniers à placer directement leur argent dans l'entreprise de leur choix. Mais il faut aussi mettre en place des structures qui collectent cette épargne spécialisée. Aussi bien des structures pour favoriser le développement des entreprises de croissance que des structures pour favoriser la création de petites entreprises. Ce peut être des placements sous forme d'actions. Ce peut être aussi sous forme de nouveaux titres participatifs, avec intéressement aux bénéfices mais sans droit de vote, les petits patrons ayant parfois des réticences devant la présence d'actionnaires minoritaires.

Enfin, il faut organiser les marchés où se négocient de tels titres, de façon à permettre à celui qui a ainsi investi son argent de récupérer sa mise quand il le souhaite. C'est pour cela que j'avais fortement encouragé la création de ce que l'on appelle le « troisième » marché boursier, à cotation électronique, et ayant vocation à devenir européen. Mais je souhaite qu'on aille encore plus loin et que l'on développe des marchés locaux de l'épargne de proximité pour faire se rencontrer les créateurs et les chefs d'entreprise avec des personnes pouvant apporter des moyens financiers, commerciaux, relationnels ou de sous-traitance. Voilà l'exemple même de mesures qui rapportent beaucoup plus qu'elles ne coûtent.

Ce programme doit également comporter des mesures pour la transmission des entreprises.

C'est un sujet qui me tient particulièrement à cœur ! J'en ai fait un sujet de débat, et même parfois d'affrontement à l'intérieur de la majorité et au sein des gouvernements auxquels j'ai participé. C'est une question de bon sens. Je suis parfois étonné de voir qu'en France ceux qui s'opposent à la réforme de la transmission d'entreprise sont les mêmes qui admirent la densité des entreprises familiales en Allemagne. Ils ne voient pas que cela tient à ce que les Allemands ne détruisent pas leurs entreprises à chaque génération sous le poids d'une fiscalité archaïque.

N'est-ce pas l'ensemble des droits de succession qu'il faut réformer ?

Sans doute, et c'est ce que l'on m'a objecté lorsque j'ai proposé que l'on traite à part la « transmission des entreprises ». Mais je vois surtout dans cet argument un prétexte à ne pas bouger. Partout en Europe, l'entreprise est considérée comme un bien à part. Nous-mêmes, nous la traitons différemment quant à l'impôt sur la fortune. Il y a une différence, me semble-t-il, entre transmettre la responsabilité d'une entreprise et transmettre la propriété d'un bel appartement avec de beaux tableaux. Une entreprise n'est pas un bien comme les autres, c'est un patrimoine qui profite à toute la société. C'est une distinction que j'ai eu du mal à faire admettre à notre nomenklatura administrative dont il m'est arrivé de dire qu'elle croyait que la transmission des entreprises se faisait de promotion de l'ENA en promotion de l'ENA par Conseil des ministres interposé.

Une réforme de la transmission d'entreprise figure pourtant dans le budget 1996 ?

J'y vois la récompense de mes efforts. Ce qui vient d'être décidé dans le budget 1996 va dans le bon sens. Mais ce n'est qu'une étape. Pour en finir avec notre exception française, il faut mettre en place un dispositif global traitant tous les problèmes de la transmission des entreprises.

Les entreprises souffrent toujours des contraintes administratives. Que propose votre programme dans ce domaine ?

La simplification administrative est un combat de tous les instants, un travail de longue haleine, une course de vitesse entre ceux qui compliquent, en imposant de nouvelles règles, et ceux qui veulent simplifier.

Il faut que le Premier ministre s'implique personnellement dans ce combat. On a beaucoup parlé d'études d'impact des mesures législatives et réglementaires, c'est-à-dire l'examen des conséquences de toute nouvelle mesure sur la vie des entreprises. En 1993, Édouard Balladur, Premier ministre, avait exigé que tous les ministères procèdent préalablement à de telles études d'impact et les envoient, pour examen, au ministre des Entreprises de l'époque, c'est-à-dire moi-même. Ce fut un vrai fiasco. J'ai dû recevoir moins d'une dizaine d'études d'impact. L'idée n'était pas mauvaise, mais il faut une autorité forte pour imposer cette nouvelle approche.

Néanmoins, dans la même période, nous avons innové en demandant au Parlement de légiférer pour la première fois sur la simplification administrative, en donnant des droits aux entreprises, opposables aux administrations. Après tout, les formalités administratives excessives représentent un impôt caché, et une entrave aux libertés. Ceci concerne dont les parlementaires.

Dans la loi « initiative et entreprise individuelle », nous avons institué le guichet unique, le numéro unique, le formulaire unique pour un certain nombre de déclarations liées à l'état civil des entreprises. Nous avons aussi institué la signature électronique pour permettre aux entreprises de communiquer directement par informatique avec les administrations. Et je suis heureux de voir à quelle vitesse aujourd'hui se développent des entreprises privées spécialisées dans un dialogue informatique simple et convivial avec les administrations. J'ai constaté avec satisfaction à Bercy que, grâce à la signature électronique, on avait déjà éliminé tout formulaire pour une vingtaine de déclarations faites par les entreprises.

S'agissant des formalités sociales liées à la déclaration des salariés, véritable casse-tête pour les entreprises, j'ai fixé dans la loi un objectif au 1er janvier 1996 : un seul guichet de déclarations pour toutes les formalités sociales. Pour préparer cela, nous avons lancé toute une série d'expériences visant à apprendre aux administrations à travailler entre elles et à relier leurs ordinateurs. Ainsi, dans l'Ille-et-Vilaine, le recrutement d'un salarié ne nécessite plus qu'une seule déclaration au lieu de onze auparavant.

L'enjeu de toutes ces mesures, c'est la suppression de 160 millions de déclarations. Mais je pense qu'il faut aller plus loin. La déclaration unique sociale doit s'accompagner d'un chèque unique. À charge pour les administrations sociales de ventiler entre elles les cotisations. De même, j'ai défendu l'idée d'un chéquier-emploi pour les très petites entreprises et les employeurs particuliers, avec contrat de travail simplifié et des charges sociales forfaitaires. Un vrai allègement des contraintes sociales m'est toujours apparu toujours plus efficace qu'un petit allègement des charges sociales.

Vous proposez aussi de créer un droit du travail mieux adapté au PME ?

Oui, c'est là un élément clé d'un programme choc en faveur des PME. Le droit social des grandes entreprises appliqué à la petite et moyenne entreprise constitue un délit d'entrave permanent à la création d'emplois. On veut appliquer, au bout du compte, à la petite entreprise un droit du travail et des institutions sociales calqués sur le modèle de la grande entreprise. Tout le monde sait que les effets de seuil provoquent parfois le refus du onzième et du cinquantième salarié. Or, il est évident que les relations sociales ne sont pas de même nature dans une grande entreprise et dans une entreprise à taille humaine.

C'est pourquoi je pense qu'il est indispensable de créer un statut social simplifié de la PME. De permettre aussi d'innover dans les relations sociales, de pratiquer le sur mesure au lieu du prêt-à-porter imposé par le droit du travail, au travers de contrats d'entreprises librement négociés et acceptés, voire dans certaines cas par référendum au sein des entreprises.

Et pourquoi pas aussi – je reprends là la suggestion d'un ami qui a exercé des responsabilités au sein de la CFDT – créer une direction du Travail au sein même du ministère en charge des PME ? S'il existe un droit du travail adapté à la spécificité du monde agricole, c'est bien parce que le ministère de l'Agriculture dispose de sa propre direction du Travail.

Et que faut-il faire en matière fiscale ?

De nombreux pays ont établi une fiscalité particulière aux PME. Je pense que nous devrions faire de même, au moins en ce qui concerne les bénéfices réinvestis par l'entreprise ou par l'entrepreneur. Cette différence se justifie dans la mesure où les petites entreprises paient l'argent qu'elles empruntent beaucoup plus cher que les grandes, car ces dernières bénéficient d'un accès direct aux marchés des capitaux et des fonds propres. Le second point concerne la fiscalité de l'entrepreneur individuel. Ce dernier paie l'impôt non seulement sur le revenu de son travail, comme tout le monde, mais aussi sur l'ensemble du revenu de son activité, y compris celui du capital investi. C'est une anomalie qu'il faut corriger. Il faut donc faire une distinction comptable et fiscale.

Vous êtes à l'origine de la loi sur l'initiative et l'entreprise individuelle qui vise à faciliter le développement du travail indépendant. Mais, sous sa forme actuelle, vous paraît-elle suffisante ?

Cette loi est d'abord une loi pour les 1 700 000 entrepreneurs individuels de notre pays : petits entrepreneurs, artisans, commerçants, professions indépendantes et libérales... C'est une loi pour les « petits ». Elle leur offre une protection sociale identique à celle de tous les Français. Elle protège leur patrimoine familial vis-à-vis des banques en cas de difficulté. Elle améliore la situation du conjoint collaborateur. Elle simplifie considérablement leur comptabilité : un seul livre comptable suffit désormais là où il fallait autrefois trois ou quatre documents.

Mais cette loi est aussi une loi pour les nouveaux entrepreneurs, les nouveaux métiers, les nouveaux emplois. Je crois à l'avenir du travail indépendant. Il se développe partout dans le monde deux ou trois fois plus vite que la croissance. Sauf en France où nous avons un formidable retard.

Le travail indépendant, c'est un choix de vie moderne. Un choix de responsabilité. On travaille mieux quand on travaille pour soi. On met, comme on dit, du cœur à l'ouvrage. Le travail indépendant n'est pas le pis-aller de ceux qui ne trouvent pas d'emploi salarié. Ce peut être une solution plus souple, plus libre, le moyen de tirer le meilleur parti de ce qu'on sait faire, de ce qu'on est, et la volonté de réussir autrement. C'est encore sans doute l'ascenseur social qui fonctionne le mieux.

De nombreuses professions, au prestige social évident, sont ainsi organisées : professions libérales, relations publiques, « free lance » de la communication, conseils aux entreprises... Le travail indépendant permet de mener en parallèle deux métiers et de tester ainsi sans risque excessif des activités nouvelles. Il permet en outre aux femmes d'adapter leur travail en fonction du temps libre qui leur est laissé disponible par les enfants et la maison. À ceux qui sont en fin de carrière et n'arrivent plus à se faire embaucher, à ceux qui ont un passage à vide, le travail indépendant offre un moyen de mettre en valeur leur savoir-faire. Il vaut également pour des emplois à forte valeur ajoutée et notamment ceux liés au savoir et à l'informatique. C'est grâce à lui aussi que des emplois de service à faible valeur ajoutée peuvent se développer, alors qu'ils ne pourraient voir le jour dans le cadre des rigidités du contrat salarial classique.

Le travail indépendant dans sa forme la plus simple, c'est désormais une seule déclaration d'activité, un forfait social d'environ 10 000 francs par an pour ceux qui démarrent, un seul document de déclaration sociale, un simple carnet de facturation et un régime fiscal simplifié qui, dans le cadre de la micro-entreprise dont le chiffre d'affaires est inférieur à 70 000 francs la première année, est dispensé de TVA. J'aimerais d'ailleurs voir ce seuil relevé à 120 000 francs.

Voilà de quoi stimuler fortement la création d'entreprise...

Et surtout la création de nouveaux métiers, de nouveaux emplois de service. Je crois notamment au développement de ces emplois dans le cadre de réseaux organisés ou de franchises. Par exemple, l'îlotier commercial, responsable d'un ou de plusieurs immeubles, qui va être le relais de toute une série de services :

journaux et croissants à domicile, cuisine à domicile, produits du terroir, pressing, intermédiaire pour effectuer les formalités administratives. Le lavage et l'entretien des voitures à domicile ou sur le parking. Le « valet » de parking multiservices. Le courtier en formation professionnelle... Les idées ne manquent pas !

La création d'entreprise et d'activités nouvelles c'est, je le répète, la seule véritable voie de sortie de la crise. La France doit être capable de créer 1 million de nouvelles entreprises d'ici l'an 2000. Cela nécessite une mobilisation très forte pour augmenter la natalité et réduire la mortalité des entreprises nouvelles. Ce ne sont pas les bonnes volontés ni les compétences qui manquent. J'avais déjà entrepris, il y a plusieurs années, de les organiser en réseau : le réseau des « points chance » en mobilisant tous les partenaires de la création d'entreprise. Aujourd'hui – excellente initiative –, les chambres de commerce et d'industrie et les banques viennent de décider de créer une fondation pour entreprendre.

Cela étant, il faut prendre garde. À trop subventionner la création d'entreprise ou à trop vouloir l'aider, on risque de créer des entreprises artificielles qui sont en mesure de casser les prix et de faire une concurrence déloyale aux entreprises existantes. Une fois les subventions épuisées, elles déposent leur bilan après avoir trop souvent entraîné d'autres entreprises locales dans leur chute. C'est pourquoi aux subventions je préfère des mécanismes fiscaux qui permettent de mobiliser l'épargne de proximité et de garantir l'argent prêté par les sociétés de caution mutuelle professionnelles, voire de développer les prêts d'honneur, bref tout ce qui favorise la responsabilité et la solidité des projets.

Comment peut s'enclencher ce vaste mouvement d'initiative et de création d'entreprise ?

L'initiative et la création d'entreprise sont avant tout des affaires locales. J'avais développé, comme ministre de l'Industrie, en 1987, des opérations de terrain pour favoriser la création d'entreprise, appelées ODACE (Opérations de détection et d'accompagnement des créateurs d'entreprise). Elles consistaient à regrouper tous les partenaires de la création d'entreprise sur le terrain et à faire, par voie de presse et d'affiche, « un appel à projet ». Puis à accompagner ensuite le montage des créations d'entreprise viable. Le plus intéressant d'ailleurs, c'est que l'expérience a montré que lorsque, deux ou trois ans plus tard, on montait à nouveau une même opération sur le même bassin d'emplois, on ne récoltait pas moins de projets – car on aurait pu croire qu'on avait épuisé une bonne partie de la ressource –, mais davantage. C'est le signe que, par l'exemple, on avait créé une culture de l'initiative et de l'entreprise.

Mais comment détecter les bonnes opportunités locales ?

Le développement local ne se décrète pas, il se découvre et il se pratique. Il résulte d'une alchimie complexe qui repose sur une combinaison d'initiatives individuelles et collectives. La région dont je suis l'élu était il y a quelques années un point noir sur la carte du chômage : aujourd'hui, elle fait la course en tête. On la cite en exemple en matière d'entreprises et de création d'emplois.

Certaines régions ne sont-elles pas plus pénalisées que d'autres?

Je ne le crois pas. L'expérience montre qu'il existe des petites régions sans atouts naturels, isolées par la géographie et les transports, qui réussissent pourtant leur développement et qui font preuve d'un dynamisme exceptionnel même en période de crise. Ce qui fait la différence, ce sont les hommes qui entreprennent. Ce qui fait la différence, aussi, c'est la densité des relations qui se nouent localement entre les hommes et les entreprises. Un tissu économiquement performant n'est pas un tissu où de nombreuses entreprises vivent juxtaposées les unes à côté des autres. C'est un tissu dans lequel il existe un maillage serré, un réseau d'échanges entre entreprises. Il existe ainsi une arithmétique du partenariat local où 1 + 1 ne font pas 2, mais 3 et parfois plus.

Vous croyez beaucoup dans cette « mise en réseau » des entreprises d'une même région?

C'est l'exemple que j'ai cherché à donner dans ma région. En faisant d'abord rayonner l'excellence industrielle de l'usine Citroën implantée dans ma circonscription. Une opération engagée en 1987 lorsque j'étais ministre de l'Industrie et appelée « Citroën Superforce ». Elle a permis, d'une part, de densifier le tissu des relations industrielles autour de l'usine automobile en rapprochant les équipementiers et les soustraitants dans une nouvelle organisation logistique; d'autre part, de diffuser la culture d'excellence, qui est celle de Citroën en matière de qualité et de productique, sur plus de deux cents entreprises de la région, qu'elles appartiennent ou non au secteur de l'automobile.

Cette opération a fait ses preuves et elle a même essaimé à l'étranger par l'intermédiaire du réseau Eurodéfi.

Je pourrais aussi citer ce que nous avons cherché à faire à partir de l'entreprise Yves Rocher. Il s'est agi dans ce cas de regarder à l'intérieur de l'entreprise quelles étaient les activités qui pouvaient être effectuées à l'extérieur et de développer une clientèle nouvelle à partir d'un savoir-faire. C'est ainsi que l'imprimerie, la fabrication d'enveloppes, la mise sous enveloppe et le routage ont permis de créer trois unités. Ce sont toutes ces expériences que j'ai cherché à rassembler dans des « chartes d'initiative locale pour l'emploi » qui ont commencé à se multiplier en France.

En quoi consistent-elles exactement ?

Il s'agit de mettre les grandes entreprises au service des petites. Peut-être ne créent-elles plus d'emplois, mais elles disposent d'un potentiel de savoir et de savoir-faire pouvant être utile à d'autres. Il s'agit aussi d'une méthode qui permet de libérer l'initiative et de mobiliser les compétences disponibles ou accessibles, en quatre temps :

– D'abord, réunir tous les partenaires possibles et trouver un opérateur motivé : un groupement d'entrepreneurs, une chambre de commerce ou de métiers, un sous-préfet, un organisme de développement local, une association, peu importe ;

– Recenser ensuite les compétences et les excellences locales disponibles. Celles des entreprises et des organismes existants, mais celles aussi qui sont accessibles à des entreprises locales, filiales ou services décentralisés de grands groupes ;

– Ratisser le terrain pour détecter dans les entreprises, chez les futurs créateurs d'entreprise, toutes les potentialités, découvrir les porteurs de projets, les « projets dormant » au sein des entreprises qui, faute de temps, de technologie, de compétences disponibles, sommeillent au fond des tiroirs ;

– Accompagner, enfin, la mise en œuvre de ces projets et de ces initiatives locales par une petite équipe de terrain, dynamique et efficace.

Combien de produits nouveaux, de marchés nouveaux, de procédés nouveaux pourraient naître d'un rapprochement entre les entreprises ? Combien de créations d'entreprise, enfin, pourraient voir le jour si on savait mieux aider, accompagner les créateurs d'entreprise ?

Il existe un autre terrain d'expérimentation, ce sont l'organisation et les nouvelles formes de travail.

J'ai déjà dit que je pensais qu'il n'y aurait pas de retour au plein emploi traditionnel, mais qu'en revanche nous avions la capacité de créer une société qui offre du travail à tous, si nous savons réinventer le travail et imaginer de nouvelles formes d'emplois. Il est révélateur que l'on dise aujourd'hui occuper un *emploi*, mais chercher un *travail* ou un *travail* au noir, que l'on parle d'un *emploi* à durée déterminée ou indéterminée, mais d'un *travail* à temps partiel. Bref, que l'on associe le mot « emploi » à ce qui est stable et rigide et le mot « travail » à ce qui est souple et dynamique.

De tels propos ont longtemps dérangé. Que n'ai-je pas entendu ! J'ai même lu la prose de quelques inspecteurs du travail, sous pseudonyme, affirmant que mon objectif était quasiment de rétablir l'esclavage !

Pourtant, petit à petit, cette approche fait son chemin. Le rapport que vient de publier le Commissariat au plan sur « Le travail dans 20 ans » nous dit que le modèle de l'emploi salarié à durée indéterminée, à temps complet dans un métier donné, type convention collective des années 60, ne correspond plus à toute une part de l'économie nouvelle. Bien entendu ! Ce rapport nous explique que le droit du travail traditionnel et la « subordination juridique », critère distinctif du contrat de travail, ne correspondent plus à toute une série de tâches nouvelles et de rapports nouveaux dans l'entreprise. Je ne dis pas autre chose. Il nous explique encore que, quand le travail se métamorphose, le droit du travail doit évoluer. « Le droit du travail hérité de la période taylorienne, puis fordienne, a été construit sur la base d'une représentation du travail et des rapports de production qui ne rend plus compte aujourd'hui des réalités nouvelles. » Évidemment !

Vous estimez donc que notre droit est le principal obstacle à l'invention de ses nouvelles formes d'emploi ?

Si nos circuits d'échange du travail ne fonctionnent plus, c'est que son unité d'échange – l'emploi salarié traditionnel – est devenu un frein. Elle est mal adaptée à la nature de la nouvelle économie. À l'ère des technologies flexibles, des industries du savoir et de la mobilité des capitaux et des usines, nos formes d'emploi sont encore bien trop rigides.

Ne prenez-vous pas un risque de « régression » sociale quand vous proposez cela ?

Qu'on ne se méprenne pas. Il ne s'agit pas de proposer de s'aligner sur le « moins-disant » social. Mais les Français peuvent avoir envie de travailler autrement, un travail sur mesure, à temps choisi (mi-temps, temps partiel, travail temporaire...), un travail qui offre une plus grande qualité de vie. Laissons-leur la liberté d'innover, de s'organiser à l'intérieur de l'entreprise, dans le consensus des salariés. Et pour cela, instituons, comme je l'ai déjà dit, le contrat ou le référendum d'entreprise.

Dans ces nouvelles formes d'organisation, certains pensent que le partage du travail ouvre une voie sérieuse à de nouvelles créations d'emplois. Qu'en pensez-vous ?

Arrêtons de dire qu'il faut partager l'emploi. Arrêtons de laisser croire qu'on peut régler le problème du chômage en travaillant moins ! Il faut multiplier les emplois nouveaux, et non partager les emplois existants. Ne confondons pas non plus le partage du travail et le temps choisi. Car on peut choisir de travailler moins pour vivre plus. Je suis d'ailleurs convaincu que, derrière le temps choisi, il y a une nouvelle civilisation qui se dessine, celle du temps libéré.

Quand l'emploi est trop rigide, c'est l'économie souterraine qui se développe. Elle offre une alternative à la panne de l'emploi, que vous évoquiez tout à l'heure, parce qu'elle institue de nouveaux circuits d'échange. Faut-il apprendre à vivre avec ?

Aujourd'hui, le marché du travail ressemble plutôt à une main droite qui essaierait de se glisser dans un gant pour la main gauche. Le problème est moins un problème de volume qu'un problème de souplesse. Ce qui ne rentre pas dans l'économie officielle se développe pour une part dans l'économie souterraine. Le travail est là. Quand il ne se fait pas légalement, sous forme d'emplois salariés, il se recrée « au noir ». Difficile d'en mesurer l'importance. Aujourd'hui, un rapport de l'OCDE nous dit que cette économie parallèle se développe à un rythme de 7 à 10 % l'an !

La cascade des prélèvements obligatoires est devenue une véritable machine à tuer l'artisan. Imaginons que M. Dupont souhaite faire appel à un artisan pour repeindre son appartement. Quand l'ouvrier employé par l'artisan reçoit 100 francs nets, l'artisan doit facturer, compte tenu des charges et des impôts, près de 320 francs à M. Dupont. Si M. Dupont est imposé à un taux marginal de 50 %, cela signifie qu'il doit gagner 640 francs de plus pour payer son peintre. Mais pour que M. Dupont gagne 640 francs nets, cela coûte à son employeur 1 200 francs, compte tenu des charges sociales qu'il verse et de celles qui sont versées par son employeur. Autrement dit, il faut que son travail crée 1 200 francs de richesse supplémentaire pour que son peintre reçoive 100 francs nets. Ne cherchez pas plus loin pour savoir pourquoi il est plus intéressant de faire soi-même que de faire faire, pourquoi on assiste à l'essor des magasins de bricolage et au déclin de l'artisanat traditionnel, pourquoi on travaille tant sur les chantiers le samedi et le dimanche, pourquoi le travail au noir et le troc se développent aujourd'hui !

L'économie souterraine, c'est aussi le troc. On voit se multiplier un peu partout dans le monde, aux États-Unis, en Grande-Bretagne, en Allemagne et depuis peu en France, des réseaux spontanés qui tentent d'organiser ce troc sur une plus grande échelle...

On voit effectivement des circuits de troc s'organiser spontanément : Échangerais trois leçons d'anglais contre une raquette de tennis. Ou encore quatre heures de location de voiture contre six heures de peinture. C'est là un phénomène mondial qui concerne les États-Unis, les Pays-Bas, l'Allemagne, l'Australie et l'Angleterre où le système est sans doute le plus développé, et qui a abouti à la création d'une véritable mini-banque centrale et d'une monnaie d'échange, le LET. En France on commence à parler du Système d'échange local, et de sa monnaie, le « grain de Sel ». Toute une littérature sympathique fleurit à leur sujet. Voilà une économie alternative, une société bien sympathique dans laquelle l'argent occuperait une autre place...

La réalité est différente. Il s'agit tout simplement de la réinvention de circuits économiques de base. Produire, échanger, en marge des contraintes administratives, sans prélèvements obligatoires avec, pour couronner le tout, la réinvention d'une banque libre !

Est-ce légal ?

C'est provisoirement toléré, mais nul doute que le fisc et la Sécurité sociale veillent. C'est en tout cas un bon exemple d'économie spontanée qui montre que l'insertion par l'économie est quelque chose de possible et de naturel. C'est par un retour à l'économie que l'on créera des emplois et les entreprises dont nous avons besoin.

Dans le même temps, l'État dépense des dizaines de milliards de francs dans la lutte contre le chômage. Et pourtant celui-ci ne recule pas ?

S'il existait une relation entre l'argent public dépensé contre le chômage et la progression de l'emploi, ça se saurait ! Et, compte tenu du niveau atteint par nos dépenses publiques, nous serions en tête des créations d'emplois. Malheureusement, toutes les statistiques et les expériences internationales montrent que la relation est plutôt inverse. Et que le taux de chômage est grosso modo inversement proportionnel au taux de prélèvements obligatoires et au taux de rigidité d'une économie. Trop d'impôt tue l'emploi.

C'est-à-dire ?

Tout se passe comme s'il existait deux économies et deux France. D'un côté, une économie créatrice de richesses marchandes, exportatrice, livrée à la concurrence mondiale et soumise à l'obligation permanente de l'excellence. De l'autre, une économie administrée, protégée, où la dépense évolue en fonction des décisions politico-administratives. Les mêmes règles d'efficacité n'existent pas pour cette économie qui vit à l'abri de la concurrence, sous un statut protecteur. Il est clair que l'argent dépensé dans l'économie marchande offre une efficacité plus grande que celui dépensé dans l'économie administrée. Quand la part de cette dernière augmente, le rendement économique global de l'Entreprise France diminue. Et le chômage a toutes les raisons d'augmenter.

En tant qu'ancien ministre, vous avez pourtant été conduit à utiliser la subvention budgétaire.

En 1986, j'étais ministre de l'Industrie et j'ai décidé de cesser de soutenir les canards boiteux. L'État dépensait chaque année des milliards pour soutenir à perte des entreprises en difficulté. J'ai diminué le budget du ministère de 20 % environ. Tout le monde m'a dit que ce serait catastrophique sur le plan industriel. Eh bien, ces années 1986-1988 ont été celles de la plus forte croissance industrielle depuis 1980. Parce que maintenir artificiellement des emplois inutiles empêche des emplois utiles de naître. Parce que 1 franc d'argent public dépensé en moins, c'est 1 franc de consommation ou d'investissement privé en plus.

Vous avez évoqué tout à l'heure le problème de l'exclusion. Comment pourra-t-on sortir un jour du RMI ?

J'ai proposé avant bien d'autres la création d'un Revenu minimum en France. Mon département, celui d'Ille-et-Vilaine, a été le premier à l'expérimenter, bien avant que la loi ne l'instaure. Je suis très attaché à l'idée d'un « filet de sécurité ». Ce que je combats aujourd'hui, c'est que, par défaut d'insertion, on laisse des familles entières perdre espoir, baisser les bras et s'installer dans l'assistance et la dépendance. J'ai cité le cas de deux familles qui vivent sur le même palier HLM. Dans l'une, le père part travailler tôt le matin, rentre tard le soir, pour toucher le Smic. Dans l'autre famille, entre le RMI et diverses allocations, on perçoit pratiquement le même revenu sans travailler. C'est une réalité. Et c'est la source d'un double découragement : le découragement de ceux qui travaillent, le découragement de ceux qui s'installent dans l'assistance.

Les enfants qui n'ont jamais vu leurs parents ni même leurs grands-parents travailler sont des enfants perdus. Tous les spécialistes de l'insertion vous le diront. On transmet ainsi une culture de l'assistance et de la pauvreté.

On ne peut pas accepter que le RMI devienne héréditaire. C'est ce que j'ai dit publiquement, et depuis j'ai reçu beaucoup de lettres de familles en difficulté, rencontré beaucoup de RMIstes. Tous ont compris le sens de mes propos. Le travail, ce n'est pas seulement affaire de salaire, c'est une affaire de dignité. Derrière le travail il y a la considération, l'estime que l'on trouve au fond de soi-même ou dans le regard porté sur vous par vos enfants. Et cette revendication de dignité exige de ne plus être un numéro sur un dossier d'assistance, mais un nom sur une feuille de paie.

Mais, dans notre situation de blocage de l'emploi, comment remettre au travail tous ces exclus ?

Je crois à la réinsertion par l'économie, débouchant sur de vrais emplois dans de vraies entreprises. Il faut sortir de l'assistance. C'est ce que, à sa façon, dit un proverbe chinois : « Si tu donnes un poisson à un homme, tu le nourris pour un repas ; si tu lui apprends à pêcher, tu le nourris pour la vie. »

Autrefois, lorsque l'on tombait du train de la croissance ou que l'on ne pouvait y monter, il existait toute une série de petits métiers qui permettaient de raccrocher : on allait aux Halles, pousser des diables. On était bagagiste, on allait faire les marchés sur lesquels il y avait des places réservées pour les plus démunis. Pour pouvoir payer mes études, mon père partait aux Halles la nuit pour y faire de la comptabilité. Seulement, avec le temps, on a transformé tous ces petits métiers en de vrais métiers, avec de vrais statuts, une vraie réglementation, de vrais syndicats. Bref, on en a exclu les pauvres. On a salarié la pauvreté, créé un revenu minimum d'insertion. En fait, il y a revenu minimum, mais rarement insertion.

Je suis allé récemment Gare de Lyon en compagnie de mon ami Xavier Emmanuelli, secrétaire d'État à l'Action humanitaire, pour voir comment le ministère de l'Économie voisin pouvait aider à prendre en charge l'accueil des SDF qu'il y avait organisé. Comment ne pas être frappé par cette absurdité de voir des personnes, pour la plupart aptes au travail, entassées dans un local lépreux à attendre un conseil, une aide et un café ou un repas pour le soir. Une nouvelle cour des miracles ! Et dans le même temps, quelques étages plus haut, dans des hall modernes, des voyageurs descendant du TGV chargés de valises et ne trouvant pas de porteurs pour les aider !

La politique de l'emploi, c'est aussi la mise en place de formules d'insertion, comme les contrats emploi-solidarité...

Trop de tentatives d'insertion débouchent le plus souvent sur rien et donnent aux jeunes et aux moins jeunes le sentiment qu'on les ballotte de stage en stage, de RMI en CES.

Il faut donner aux collectivités locales le moyen de gérer ensemble le revenu minimum et les actions d'insertion : en contrepartie du RMI, et même en améliorant celui-ci, il faut qu'elles puissent offrir des activités utiles.

Il faut faire évoluer d'urgence les Contrats emplois solidarité,, où l'on reçoit une rémunération égale à la moitié du SMIC pour un travail à mi-temps. Mais, on le sait, ces contrats se font au bénéfice des seuls services publics, collectivités locales ou associations. Quand les statistiques du chômage sont trop élevées, on se tourne vers les préfets, et ceux-ci demandent aux administrations de prendre quelques centaines de CES de plus, au mépris même de la loi. Voilà qui est peut-être satisfaisant pour les statistiques, mais qui l'est beaucoup moins pour l'insertion. Le titulaire d'un CES n'a pas le droit d'avoir une autre activité à mi-temps. Or ce serait souvent par cette autre activité qu'il pourrait espérer trouver un vrai emploi, dans une vraie entreprise à la fin de son CES. Car la vraie insertion ne peut se faire que dans l'entreprise. Et c'est en ce sens que j'ai défendu, pendant la campagne présidentielle, l'idée du Contrat initiative-emploi. C'est-à-dire une forte baisse du coût du travail pour la création d'activités nouvelles. J'estime d'ailleurs que les entreprises ont ce que j'ai appelé « un devoir national d'insertion et de formation ».

Comment mettre en œuvre le devoir national d'insertion et de formation ?

Au-delà de la mobilisation nécessaire et très médiatique des grands groupes, c'est sur le terrain qu'il faut agir. Là où des militants anonymes et bénévoles d'entreprises ou d'associations d'insertion font preuve chaque jour d'un dévouement extraordinaire. Laissons-les faire. J'avais proposé une idée nouvelle : le groupement local d'employeurs, qui permet à plusieurs entreprises d'un même bassin d'emplois d'embaucher en commun. Cette formule a été introduite à ma demande il y a deux ans dans la loi Giraud sur l'emploi. C'est un outil pour mettre en œuvre concrètement ce devoir national d'insertion et de formation.

Le groupement local d'employeurs offre, en effet, la possibilité aux entreprises d'un même bassin d'emplois de s'unir pour gérer leurs salariés en commun en fonction de leurs besoins. Voilà qui permet, par exemple, de répondre au problème du travail saisonnier, de placer leurs sureffectifs momentanés sans licencier, de partager des cadres ou des techniciens entre plusieurs PME, de recruter en commun, de mener ensemble des actions d'insertion, d'organiser des formations et d'envisager de véritables parcours professionnels. C'est cette formule que j'expérimente actuellement dans ma région avec la volonté d'offrir de nouveaux parcours d'insertion, dont la première étape pourra être l'engagement d'un Rmiste à participer à une activité collective. La deuxième étape pourra être un stage de formation adapté, avec toujours au bout la perspective d'un vrai contrat de travail. Il s'agit d'un parcours individualisé, toujours suivi par un des membres du groupement local.

Parmi les rigidités que vous dénoncez figure le SMIC. Selon certains économistes, il est un frein à l'embauche et empêche la création de ces emplois d'insertion ou de ces « petits boulots ». Êtes-vous partisan de sa suppression ?

Non. Contrairement à d'autres libéraux, je n'en suis pas partisan. Je sais ce que suppose, pour une famille, de vivre avec 5 000 francs par mois. D'ailleurs, rapprocher encore le salaire minimum du revenu minimum n'est pas la chose la plus intelligente à faire pour encourager le travail ! Cela étant, il me paraîtrait utile de laisser au SMIC une part contractuelle beaucoup plus grande. De le calculer annuellement, et tout compris, de le régionaliser, car le même SMIC ne correspond pas au même pouvoir d'achat en région parisienne et dans le Lot-et-Garonne. De permettre, enfin, une appréciation différente selon les branches professionnelles et leurs gains de productivité.

Globalement, le coût du travail n'est pas excessif en France puisqu'il se situe dans la moyenne des pays industrialisés. Mais il est vrai qu'il est trop élevé aux deux extrêmes, en bas et en haut de l'échelle des salaires. Nous avons érigé une barrière à l'entrée, sur les emplois à faible valeur ajoutée. Nous surtaxons notre matière grise.

Comme on sent bien qu'il y a un problème en haut, on multiplie les exonérations fiscales. Puisque l'on ne peut pas ou que l'on n'ose pas baisser le taux d'impôt marginal des cadres supérieurs, on leur permet une déduction partielle de leur employé de maison.

En bas, on réduit toujours plus les charges sociales sur les salariés aux alentours du SMIC. Résultat : on crée une trappe à smicard dans la mesure où franchir la barrière de 1,3 SMIC se traduit par un bond en avant des charges sociales. Si la baisse des charges est utile pour les emplois de service à faible valeur ajoutée, pour lesquels le coût du travail est certainement trop élevé, elle profite aussi aux bas salaires des industries à forte valeur ajoutée. Résultat, elle coûte très cher et rapporte peu.

Vous n'êtes donc pas partisan d'une baisse des charges sociales ?

Pour être efficace, à une baisse des charges sociales doit correspondre une baisse des dépenses publiques.

Cela étant, il est clair qu'à dépenses sociales inchangées on appelle baisse des charges sociales ce qui n'est en réalité qu'un transfert de charges sociales. Dès lors, la baisse de ces charges sur les bas salaires conduit à une augmentation de la ponction fiscale sur les contribuables ou sur les consommateurs.

Pour ma part je pense que, si transfert il doit y avoir, mieux vaudrait qu'il s'effectue, comme s'y était engagée depuis longtemps l'actuelle majorité, au profit du salaire direct, c'est-à-dire de la feuille de paie. En cette période de déprime économique, voilà qui serait plus motivant.

3.

Desserrer les taux

Vous avez toujours affirmé que le grand désordre de nos finances publiques était la cause principale du chômage. Pourquoi ?

Les désordres du chômage sont pour une large part la conséquence des désordres de l'argent cher ou, pour le dire autrement, de taux d'intérêt trop longtemps trop élevés. Concrètement, cela veut dire que, quand vous allez acheter un appartement à crédit, les mensualités seront plus chères. Que, lorsqu'une entreprise va emprunter pour investir, il faudra que son investissement soit vraiment très rentable pour qu'elle puisse rentrer dans ses frais et couvrir les échéances. La conséquence de taux d'intérêt trop élevés, c'est le ralentissement de l'investissement et de la consommation. C'est donc moins d'emplois créés.

Pourquoi les taux d'intérêt sont-ils aussi élevés en France depuis plusieurs années ?

Si l'argent a été trop cher tout au long de ces dernières années, c'est principalement en raison de nos déficits publics et sociaux. Pour combler ses déficits croissants, l'État doit emprunter de plus en plus. Si les familles et les entreprises ne peuvent, quant à elles, emprunter à n'importe quel prix, l'État, lui, peut le faire, car on lui a jusqu'à présent toujours fait confiance et il y a toujours eu des contribuables pour rembourser les dettes. Voilà qui fait monter les taux d'intérêt. L'argent épargné par les Français, mais aussi l'argent des marchés financiers, est de plus en plus capté pour les besoins de financement de la dette publique. Voilà autant d'épargne qui ne va pas vers les entreprises et vers l'économie productive. C'est ce que les économistes appellent l' « effet d'éviction ». Très peu de projets d'investissement des entreprises peuvent rivaliser avec le rendement des emprunts d'État. D'où un fort recul de l'investissement : il a atteint, entre 1990 et 1994, – 30 % pour le seul investissement industriel, et – 12 % pour les ménages. Cela veut dire que l'on a moins construit, que l'on a moins acheté de machines et moins créé d'emplois.

S'ajoute aujourd'hui un nouvel effet : à force de prêter toujours plus aux États, alors que leurs déficits ne se réduisent pas assez vite, les marchés commencent à être inquiets. Ils doutent de leur capacité à rembourser leurs dettes. Or, c'est bien connu, on prête plus cher quand on se méfie que lorsqu'on a confiance. C'est ainsi que les taux d'intérêt français sont accrus par une « prime de risque ».

Quelles en sont les conséquences ?

Cela fait bientôt quinze ans que les taux d'intérêt réels sont supérieurs à la création de richesse en France. Les emprunts publics ont constamment rapporté ces dernières années près de 6 % en termes réels. La plupart des investissements dans les entreprises, la plupart des loyers perçus par ceux qui investissent dans l'immobilier rapportent moins.

Bref, on a favorisé le rentier par rapport à l'entrepreneur. Or, je le répète, c'est l'entrepreneur qui crée l'emploi.

Pour créer les emplois dont nous avons besoin, il faut que les entrepreneurs et les entreprises innovent, se développent et donc, pour cela, investissent. Lorsqu'il est plus intéressant de prêter son argent à l'État sans risque que de placer son argent dans une entreprise, l'économie tourne à l'envers. C'est un désordre économique. Mais c'est aussi un désordre de valeur, quand l'argent est choyé et protégé alors que le travail ne l'est pas, quand, selon une formule sans doute un peu rapide, « l'argent qui dort » rapporte plus que l'argent qui travaille.

Vous expliquez donc ce désordre financier par un poids excessif de l'État ?

Chaque année, l'économie crée un supplément de richesse : c'est la croissance. Une part de plus en plus grande de ce supplément de richesse est confisquée par la fiscalité ou par l'emprunt public et orientée vers l'économie administrée et la consommation collective. Il en résulte une perte d'efficacité globale, source de chômage. Nous avons une machine à produire de la richesse trop petite, une machine à dépenses publiques trop puissante. C'est une des caractéristiques de l'entreprise France. Le petit moteur du secteur actif marchand doit financer un État trop coûteux, trop dépensier, trop centralisé, trop rigide et trop endetté. La part de la population totale qui travaille dans le secteur marchand est en effet, chez nous, la plus faible parmi les grands pays. Juste quelques chiffres : elle représente

29 % en France, contre 36 % en Allemagne et au Royaume-Uni, 38 % aux États-Unis et 49 % au Japon. Dans le même temps, nos dépenses publiques représentent près de 55 % de notre richesse produite. C'est encore un record des grands pays industrialisés (49 % en Allemagne, 43 % au Royaume-Uni, 36 % au Japon et 33,5 % aux États-Unis).

L'écart de dépenses publiques entre la France et l'Allemagne, proportionnellement à la richesse de ces pays, représente 450 milliards de francs, soit l'équivalent de deux mois de salaire net par personne active. Par rapport au Royaume-Uni, ce même écart représente quatre mois, six mois par rapport au Japon et sept mois par rapport aux États-Unis !

Les conséquences sont doubles : d'une part, des prélèvements obligatoires élevés, qui découragent l'effort, réduisent les incitations productives et limitent la croissance ; d'autre part, des déficits publics records qui rendent l'argent cher, augmentent les impôts, ce qui pénalise l'investissement, la croissance et l'emploi. Voilà qui conduit à l'augmentation du chômage et qui augmente à nouveau les transferts sociaux et les déficits. Un vrai cercle vicieux dont il nous faut sortir au plus vite.

Vous dressez un constat très négatif de la situation de nos finances publiques...

C'est, sans nul doute, la situation financière la plus dégradée depuis la Seconde Guerre mondiale. En 1980, nous étions dans une situation d'équilibre. Entre 1990 et 1994, notre déficit budgétaire a plus que triplé, passant de 93 à 300 milliards. De 1992 à la fin 1994, la dette brute du seul État aura progressé de plus de 1 000 milliards. À la fin de l'année, le total de notre dette publique frôlera 4 000 milliards de francs, et dépassera la moitié de notre produit intérieur brut. Autrement dit, la génération actuelle vit à crédit sur les générations futures. Les déficits publics représenteront plus de 17 000 francs par actif, soit deux mois de salaire moyen. La dette publique représentera 180 000 francs par actif, soit près d'un an et demi de salaire moyen.

Ce jugement, c'est celui que les marchés portent sur notre pays ?

C'est celui que les gens qui nous prêtent de l'argent, par l'intermédiaire des marchés financiers, portent chaque jour sur notre pays. Le monde économique a profondément changé au milieu des années 80. La plupart de nos responsables politiques n'en ont pas encore réellement pris conscience. Ils ont été formés et ont souvent exercé des responsabilités – politiques ou administratives – durant des décennies d'inflation.

Depuis la guerre, la France, comme tous les grands pays occidentaux, a connu des phases alternées d'expansion et de ralentissement. Le pouvoir politique tentait de les réguler en ouvrant plus ou moins grands les robinets du crédit, au prix de l'inflation. L'inflation avait ceci de commode qu'elle permettait de rembourser plus facilement les dettes et donc de rendre plus rentables les investissements, au détriment des rentiers, qui voyaient leurs capitaux moins bien rémunérés.

L'invention des marchés de produits dérivés, au début des années 80, a permis aux prêteurs de se protéger contre l'inflation. Nous vivons aujourd'hui dans un système qui interdit l'inflation. L'internationalisation de l'économie et la mobilité croissante des capitaux ont fait le reste, reconstruisant un type d'économie davantage soumis aux cycles économiques classiques. Dès lors, le temps des manipulations macro-économiques par les politiques était révolu. Les taux d'intérêt retrouvaient leur rôle central.

Concrètement, qu'est-ce que cela veut dire ?

Dans la phase d'expansion de l'économie, des taux d'intérêt réels faibles entraînent la croissance de la production et des revenus. Mais la croissance conduit à augmenter les besoins de capitaux, et donc les taux d'intérêt. La hausse des taux a pour effet de ralentir l'économie. Ce refroidissement de l'économie fait baisser les taux d'intérêt, et la machine redémarre.

Vous estimez bien connaître le comportement des marchés. Pourquoi ?

Je m'intéresse depuis longtemps à ces questions. J'ai passé du temps à New York, dans les salles de marché. J'ai discuté longuement avec ces hommes qui gèrent des milliards de dollars, dont les analyses comptent et dont les choix pèsent si lourd. J'ai cherché à décrypter leur mode de fonctionnement et leur raisonnement. J'ai vécu le krach d'octobre 1987 au côté de l'un de mes amis, le financier international Jimmy Goldsmith, qui m'a beaucoup appris. Même si nous ne sommes pas toujours d'accord...

Je crois qu'on ne peut pas faire de bonne politique, aujourd'hui, si l'on ne comprend pas les marchés financiers. Ils sont devenus des gardiens vigilants, sanctionnant les pays qui se laissent aller à l'inflation ou qui laissent filer leurs déficits. Les marchés financiers ne nous dictent certes pas leur loi, mais ils sanctionnent aussitôt les politiques qu'ils ne comprennent pas ou la politique qui ne les comprend pas. Comprendre les marchés, obtenir leur confiance, c'est permettre d'attirer dans notre pays des capitaux du monde entier pour investir, pour créer des richesses, et donc des emplois.

D'où vos prises de position en matière monétaire ?

C'est effectivement à partir de cette analyse qu'au lendemain de la réunification allemande j'ai proposé, à contre-courant de l'opinion dominante de l'époque, une autre politique monétaire. Il était clair, en effet, à mes yeux, que la réunification allait nécessairement entraîner en Allemagne surchauffe et inflation. Imaginez que la France ait dû à la même époque fusionner avec la Hongrie ou la Bulgarie en offrant aux uns et aux autres les mêmes salaires et la même protection sociale. Elle n'aurait pu le faire qu'en créant de la monnaie, donc en recourant à l'inflation. J'ai alors proposé que le mark se mette en congé du SME (le Système monétaire européen). Une opinion partagée par bon nombre de mes amis, dirigeants politiques ou économiques en Allemagne, mais refusée à l'époque par le gouvernement socialiste. Pierre Bérégovoy a reconnu plus tard qu'il avait craint qu'en laissant sortir le mark allemand du système monétaire européen cela ne conduise l'Allemagne à sortir de l'Europe. Et qu'une fois sortie elle n'y revienne pas.

C'est ce qui explique que la France ait dû supporter une politique monétaire jugée parfois trop restrictive ?

Du fait d'une situation de surchauffe et des pressions inflationnistes allemandes liées à la réunification, la Bundesbank a dû conduire une politique de taux d'intérêt élevés au moment où la France, qui, comme d'autres pays européens, était atteinte d'un refroidissement de son économie, aurait dû avoir des taux d'intérêt extrêmement bas. Or, compte tenu du lien entre le franc et le mark, la France était obligée de maintenir ses taux d'intérêt au niveau des taux allemands.

Ne pouvait-on voir à l'époque les conséquences de ce décalage pour la France ?

En 1992, j'ai tiré à nouveau le signal d'alarme sur les risques qu'encouraient le Système monétaire européen et la France du fait de cette situation. Et du fait aussi que certaines monnaies étaient alors notoirement surévaluées, telles la livre, la lire et la peseta. Je redoutais l'étouffement de notre économie par des taux d'intérêt réels records. Et, démentant les instituts de conjoncture, les prévisions officielles et les économistes, j'ai évoqué alors le risque d'une récession-déflation qui menaçait la France en 1993.

J'ai donc proposé de détacher provisoirement le franc du mark, sous une forme ou sous une autre, afin de pouvoir baisser les taux d'intérêt en France, ce qui à l'époque n'aurait pas affaibli le franc, au contraire. Progressivement, de nombreux économistes internationaux, les institutions internationales ainsi que les marchés financiers ont partagé cette thèse. Et aujourd'hui des institutions comme le FMI ou l'OCDE estiment qu'il eût été préférable de mener une politique différente de celle qui fut alors suivie.

Le moins qu'on puisse dire est que vous n'avez pas été entendu...

Je regrette effectivement de ne pas avoir réussi à convaincre. La France a fait un autre choix. Hélas, la récession prévue s'est produite, au prix d'un chômage aggravé et de nombreuses faillites. Au prix, aussi, de toute une série de mesures de soutien qui ont aggravé encore nos déficits. Au prix, également, de la crise monétaire d'août 1993. Je me souviens d'ailleurs avoir adressé, au moment de la formation du gouvernement, fin mars 1993, une note à Édouard Balladur. Je préconisais une rencontre entre les autorités monétaires française et allemande, le premier dimanche qui suivrait la formation du gouvernement, car de telles choses se font toujours lorsque les places financières sont fermées. Au cours de cette réunion, nous aurions décidé d'abaisser brutalement nos taux d'intérêt à court terme à un niveau proche de celui des Allemands. Ce qui était alors une décision politique, la Banque de France n'étant pas encore indépendante. Nous aurions aussi décidé d'élargir avec nos partenaires les bandes de fluctuation du SME. J'ai encore en mémoire la conclusion de cette note : faute de réaliser dans de bonnes conditions, c'est-à-dire à froid, une telle opération, elle nous sera imposée à chaud par les marchés. C'est effectivement ce qui s'est produit quelques mois plus tard, le 2 août 1993... Nous avons alors réformé le SME, et pris la décision qui s'imposait : élargir les bandes de fluctuation du franc. Nous avons desserré ainsi l'étreinte sans cependant en profiter pour faire baisser fortement nos taux. Ceux-ci ont quand même fini par se détendre, au rythme bien lent de la Bundesbank.

Pourtant, sitôt arrivé à Bercy, en mai 1995, vous vous êtes rangé du côté des partisans de la stabilité monétaire.

En mai 1995, la situation était devenue très différente. L'Allemagne avait pour l'essentiel digéré sa réunification, sa masse monétaire revenait sous contrôle, et ses taux d'intérêt étaient alors inférieurs aux nôtres. Nos taux de croissance et d'inflation convergeaient. Mon objectif restait le même : la baisse des taux d'intérêt français. Mais les moyens pour y parvenir avaient changé.

Dans le domaine monétaire, il faut être pragmatique et non dogmatique. En 1992, j'expliquais que, les taux allemands étant supérieurs aux taux français, il nous fallait décrocher de l'Allemagne. En 1995, les taux allemands étant devenus inférieurs aux taux français, je soutenais qu'il fallait au contraire s'accrocher à l'Allemagne, maîtriser nos déficits et faire preuve de vertu.

Un tel choix est-il payant ?

Cette politique a plutôt bien réussi. Le collectif budgétaire de juillet 1995 a marqué un coup d'arrêt à la dérive des finances publiques. Cela n'a pas été obtenu sans mal et j'ai dû mettre tout mon poids dans la balance face à ceux qui étaient partisans de laisser filer la dépense publique. La France s'est ainsi fixé un calendrier en termes de réduction des déficits publics : 5 % du produit intérieur brut en 1995, 4 % en 1996 et 3 % en 1997. Cinq, quatre, trois : voilà qui exigeait que l'on contienne à la fois plus étroitement les dépenses de l'État et que l'on engage le rééquilibrage des comptes sociaux. Cette politique était crédible, et les marchés l'ont saluée comme telle. La preuve, c'est que, durant cette période, les taux d'intérêt se sont fortement détendus et que nous avons réduit de façon significative notre écart avec les taux allemands. Sans affaiblir le franc. Il s'est même apprécié face au mark. Cependant, je mesurais parfaitement que cette confiance des marchés financiers restait fragile. Et que ces derniers attendaient, au début du mois de septembre, des décisions fortes tant sur le plan budgétaire que sur le plan social.

J'ajoute d'ailleurs qu'en quelques mois mon objectif de baisse des taux d'intérêt s'est affirmé comme la priorité de notre politique économique et monétaire.

Pourquoi vouloir comprimer autant les déficits ?

Le véritable objectif de tout ministre des Finances, dans le nouveau contexte économique que j'ai décrit, est le retour à l'équilibre budgétaire. Il y a en effet urgence à atteindre le point d'équilibre qui permette de stopper la boule de neige de notre endettement public. La France se trouve dans la situation d'un particulier très endetté, dont les revenus ne lui permettent plus de rembourser sa dette, et qui doit donc contracter de nouveaux prêts à des taux d'intérêt de plus en plus élevé, pour payer ses annuités de remboursement. Le service de la dette, qui est devenu le troisième budget de l'État, derrière l'Éducation nationale et presque à égalité avec la Défense, engloutit chaque année 3 % de notre richesse. C'est autant d'argent qui manque pour les dépenses publiques prioritaires, pour baisser les impôts ou encore pour accompagner les réformes nécessaires.

Est-ce que, pour autant, tout endettement est par nature dangereux ?

L'endettement n'est pas un mal en soi. Mais il y a de bons et de mauvais endettements, de bonnes et de mauvaises conditions d'endettement. Par rapport à la richesse nationale, la dette publique de l'État a souvent été beaucoup plus élevée qu'aujourd'hui. Mais la différence est que les taux d'intérêt réels sont devenus supérieurs aux taux de croissance et aux recettes de l'État. De plus, s'il existe des dettes qui servent à préparer l'avenir, comme le montre l'exemple allemand où l'endettement a servi à financer la reconstruction dans la partie Est du pays, d'autres dettes ne servent qu'à financer les dérives du présent, comme c'est malheureusement le cas pour la France.

Notre endettement constitue donc un frein aux réformes nécessaires ?

La lutte contre les déficits publics est inséparable de la bataille pour l'emploi. Pour que les entreprises puissent créer des emplois, il faut qu'elles disposent de bonnes finances. Cela exige de bonnes finances publiques. Il faut se donner un objectif fort : faire en sorte que nous franchissions le prochain millénaire en ayant réuni les conditions d'une croissance soutenue, saine et durable, créatrice d'emplois dans une économie assainie. Cela passe impérativement, comme à d'autres périodes de notre histoire, par le rétablissement de l'ordre financier et de l'orthodoxie budgétaire.

Par orthodoxie budgétaire, j'entends en fait responsabilité budgétaire, c'est-à-dire une situation de bon sens où l'on ne dépense pas plus que ce que l'on a en caisse, une situation où les générations actuelles ne vivent plus à crédit, de façon irresponsable, en endettant les générations futures. C'est une exigence saine, c'est aussi l'exigence des marchés.

Les périodes de prospérité et de fort développement économique correspondent dans l'histoire à des niveaux de taux d'intérêt réels à long terme de 3 % au maximum. C'est ce qu'enseigne l'ensemble de la période 1820-1913, une période caractérisée par des finances publiques proches de l'équilibre, voire en excédent une fois passé la guerre franco-prussienne. Plus récemment, cette situation a également prévalu entre 1959 et 1970. L'équilibre budgétaire a été globalement assuré, tandis que les taux d'intérêt réels s'établissaient autour de 3 %, pour une inflation de l'ordre de 4 %.

Mais aujourd'hui, il n'y a plus d'inflation!

Il y a même, je ne cesse de le dire depuis plusieurs années, une situation de déflation. Les prix baissent! Nous l'avons vu dans l'immobilier, mais on le voit aussi dans de très nombreux secteurs industriels, et même dans les services. Ce n'est pas une nouveauté dans l'histoire. Celle-ci nous enseigne que les périodes de déflation ont été presque aussi nombreuses que les périodes d'inflation. Le problème, c'est que les décideurs économiques et politiques de la génération actuelle n'ont connu que l'inflation, à la différence de leurs grands-parents. Les connaissances et les réflexes acquis en période d'inflation ne sont d'aucune utilité en période de déflation. Il en va alors comme de la conduite d'une voiture. Lorsque la température passe en dessous de zéro et que la route devient verglacée, les réflexes de bonne conduite acquis par beau temps ne sont pas d'un grand secours.

Dans une économie inflationniste, le consommateur a intérêt à acheter, et l'entrepreneur à investir, avant que les prix ne montent. Dans une économie déflationniste, c'est l'inverse. On est toujours récompensé, au moins à court terme, lorsque l'on repousse ses décisions : le consommateur paiera moins cher sa télévision, l'industriel sa machine. Le passage de l'inflation à la déflation conduit à la léthargie. Il faut donc des mesures fortes pour stimuler l'initiative économique, car l'environnement n'est pas favorable à la prise de risque.

De même, la pression continuelle à la baisse du prix des produits existants conduit logiquement les entrepreneurs à rechercher des gains de productivité et donc à réduire l'emploi. Il est ainsi extrêmement important que se développent de nouveaux services, gages de croissance et d'emplois. Car la déflation n'empêche pas la croissance, loin de là. Mais la croissance, dans un climat déflationniste, demande des taux d'intérêt bas et un budget équilibré.

Quoi qu'il en soit, le traité de Maastricht, que la France a ratifié, nous laisse-t-il d'autre choix que de réduire nos déficits ?

Réduire nos déficits publics, c'est bien entendu respecter le choix européen fait par la France. La France remplit les critères exigés pour le passage à la monnaie unique en 1999, à l'exception de l'un d'entre eux, celui des déficits de ses administrations publiques, qu'il lui faudra ramener à 3 % du PIB en 1997.

Mais la réduction de nos déficits publics représente un objectif en soi. La monnaie européenne doit être considérée comme la récompense et non comme la cause de nos efforts. Les critères de Maastricht ne constituent au fond que la radiographie d'une économie assainie, en laquelle on peut faire confiance. J'ajoute que l'assainissement de nos finances publiques est une des conditions de notre indépendance nationale. Une grande puissance comme la France ne peut rester grande si elle continue à vivre autant à crédit.

À tourner le dos à pareille priorité, la France risquerait-elle de se trouver isolée ?

Partout dans le monde la réduction des déficits publics est à l'ordre du jour. Aux États-Unis, les républicains et les démocrates convergent sur l'objectif du retour à l'équilibre budgétaire, même si le calendrier diverge. La Grande-Bretagne, qui connaissait un déficit public égal à 8 % du PIB en 1993, espère un budget excédentaire en 1998. Le Danemark vise l'excédent dès 1996. L'Allemagne espère parvenir à l'équilibre en 1999 et surtout réduire d'ici là ses impôts.

Cela étant, la remise en ordre de nos finances publiques doit impérativement s'accompagner d'une remise en cause de nos dépenses publiques et sociales au moyen de réformes profondes et d'une remise en mouvement des forces créatrices de richesse et d'emplois. Faute de quoi, nous sommes menacés d'étouffement.

4.

Un choc fiscal

Le niveau des prélèvements obligatoires ne cesse de s'élever en France. Pourquoi ?

Tout se passe comme si les Français travaillaient toute une partie de l'année pour l'État, les administrations publiques et les organismes sociaux. Ce n'est qu'à partir d'une certaine date qu'ils commencent à travailler véritablement pour eux-mêmes. Plus les prélèvements obligatoires augmentent, plus cette date avance dans l'année. En 1970, elle tombait le 6 mai. En 1980, le 30 mai. En 1995, ce n'est que le 9 juin que les Français ont commencé vraiment à gagner l'argent qu'ils peuvent librement dépenser.

Cette date est importante. Elle délimite la frontière entre les dépenses collectives et les dépenses individuelles. Cela veut dire qu'au fil du temps la feuille de paie a proportionnellement diminué au profit de la feuille d'impôt et des taxes de toutes sortes. Cette date est le reflet d'un vrai choix de société, l'indicateur de la part donnée aux choix collectifs et de la part laissée à la responsabilité personnelle. Ainsi, de 1981 à 1994, la part des salariés dans le revenu national a baissé de 16 % quand les allocations diverses ont augmenté de 20 %.

En 1926, l'économiste Keynes, dans une lettre ouverte au ministre français des Finances de l'époque, estimait impossible que les prélèvements publics puissent dépasser 25 % du revenu national ! Valéry Giscard d'Estaing considérait pour sa part qu'au-delà de la barre des 40 % on basculait dans une société socialiste. François Mitterrand lui-même nous avait expliqué qu'au-delà de 45 % les prélèvements obligatoires étaient « in-su-ppor-tables ». Les gouvernements passent, mais les prélèvements obligatoires et les dépenses publiques poursuivent leur irrésistible ascension.

Actuellement, les prélèvements obligatoires ne couvrent même pas les dépenses publiques, et le pays s'endette !

Il est vrai que nos prélèvements obligatoires records ne suffisent même pas à couvrir les dépenses publiques. Pour boucler son budget, l'État s'endette et son déficit représente, je l'ai déjà dit, deux mois de salaire moyen pour chaque Français qui travaillerait. Tout cela n'est que la partie visible de nos prélèvements et de notre endettement public.

Il existe dans l'économie bien d'autres prélèvements obligatoires cachés. Les excès de réglementation, caractéristiques de notre pays, imposent aux acteurs économiques des contraintes bien supérieures à celles de nos principaux partenaires. Chacun de ces excès constitue en quelque sorte un prélèvement obligatoire déguisé. Il n'y a pas de différence entre bloquer ou limiter l'évolution des loyers, et laisser les loyers s'établir librement en frappant les propriétaires d'un impôt qui sera reversé aux locataires sous forme de subventions. C'est ainsi que toute une série de réglementations publiques aboutit en réalité à faire payer de façon détournée le contribuable ou le consommateur.

Pourtant, à Bercy, vous avez commencé par augmenter les impôts ?

Hélas, oui. Le gouvernement a dû faire face à une situation des finances publiques très grave. Des recettes surestimées qui rentraient mal, des dépenses publiques qui dérapaient, une charge de la dette qui augmentait sous le poids des taux d'intérêt. À situation exceptionnelle, moyens exceptionnels. Il fallait absolument stopper la dérive budgétaire et stabiliser les comptes pour l'année 1995. C'est ce qu'ont fait, dans d'autres circonstances exceptionnelles, Antoine Pinay en 1958, ou le chancelier Kohl, pour la réunification allemande. Notre collectif budgétaire d'urgence comportait un tiers d'économies, un tiers de recettes pour pratiquer l'assainissement financier et un tiers pour financer des dépenses nouvelles pour l'emploi, notamment un allègement massif des charges sociales sur les bas salaires.

Vous aviez pourtant écrit que vous étiez contre cet allègement des charges sociales financé par la TVA...

C'est vrai. Mais c'était une demande forte du patronat et un arbitrage du Premier ministre. L'essentiel à mes yeux était de fixer un nouveau cap à la politique économique et de renouer avec cette règle simple : on ne peut dépenser plus que ce que l'on a en caisse. D'ailleurs, de très nombreuses critiques se sont élevées sur le thème : « C'est scandaleux, l'État reprend d'une main ce qu'il donne de l'autre ! » Je vois plutôt là un compliment. Et le fait que l'on puisse tenir de tels propos montre à quel point on a perdu le bon sens économique le plus élémentaire. Par nature, en effet, l'État ne fabrique pas de richesse et il ne peut redistribuer que ce qu'il prélève. Sauf à tricher, c'est-à-dire à distribuer un argent qu'il n'a pas, l'argent de la planche à billet – c'est-à-dire l'inflation – ou encore l'argent de l'endettement – c'est-à-dire l'impôt sur les générations futures.

Comment inverser la tendance?

L'expérience montre qu'il faut se méfier des proclamations solennelles. Réduire les prélèvements obligatoires, revenir à l'équilibre budgétaire et à l'équilibre des comptes sociaux exige du temps et de la méthode. J'ai toujours pensé qu'il n'y aurait pas de « grand soir » où l'on taillerait à la hache dans le budget de l'État et les budgets sociaux. Si l'on veut dépenser moins, il faut dépenser autrement en engageant des réformes profondes. L'expérience récente de nos principaux partenaires montre qu'il est possible de réduire les dépenses publiques.

Mais ces réformes et cette réduction des déficits publics ne sont-elles pas plus faciles à réaliser en période de croissance?

Vous avez raison. Il aurait été beaucoup plus facile de poursuivre les réformes au lendemain de 1988, quand la croissance était là et lorsque les caisses de l'État étaient pleines. Aujourd'hui, les choses sont beaucoup plus difficiles...

Il faut néanmoins aller plus loin dans la réduction des dépenses publiques...

Attention, la réduction des dépenses publiques est une condition nécessaire, mais elle n'est pas une condition suffisante pour faire disparaître les déficits. En effet, l'explosion de nos déficits est, certes, due à une croissance trop forte de nos dépenses, mais aussi à une stagnation, voire à une baisse de nos recettes fiscales depuis quatre ans. Et cette stagnation est elle-même la conséquence des pressions à la fois récessionnistes et déflationnistes entraînées par des taux d'intérêt trop élevés.

On peut bien entendu obtenir une réduction des déficits publics en serrant les dépenses et en augmentant les recettes de toutes sortes. Mais cela comporte un vrai risque : celui de retrouver tous les ingrédients d'une politique restée célèbre dans les manuels d'économie. Celle du président Hoover en 1929-1930 aux États-Unis : des prix qui baissent, des impôts qui augmentent, des dépenses budgétaires que l'on coupe, une politique monétaire qui resserre le crédit. À serrer partout la vis, on risque d'étouffer l'économie. C'est pourquoi il est absolument indispensable que la réduction des déficits et des dépenses publiques s'accompagne d'une dynamique de croissance et de confiance.

Comment créer cette dynamique ?

D'abord, en allant vite dans la mise en œuvre de quelques réformes fortes pour engranger le plus rapidement possible des économies sur les dépenses budgétaires et sur les dépenses sociales. Chaque économie supplémentaire réduit le besoin d'endettement et le besoin d'impôt.

Ensuite, en engageant quelques mesures fiscales fortes et bien ciblées destinées à favoriser l'initiative créatrice de richesse et d'emplois.

Enfin, en donnant un sens et un calendrier aux réformes, afin de susciter la confiance de tous les acteurs économiques, celle des entrepreneurs, celle des Français et celle des marchés financiers. Pas de croissance sans confiance.

N'est-il pas un peu facile de dire que l'on doit baisser les impôts ?

Si l'on veut que l'État prélève moins, il faut accepter qu'il redistribue moins, car les deux sont indissolublement liés. Il n'y a pas de baisse des impôts possible sans baisse des dépenses publiques. Mais il est aussi possible de lier la disparition de toute une série de subventions à une baisse de la fiscalité. Exemple : l'État aide la création et le développement des entreprises au moyen de 1 400 formes de subvention différentes ! Plutôt que de prélever des impôts pour les redistribuer vers les entreprises au travers d'une bureaucratie bien pesante, ne vaut-il pas mieux favoriser fiscalement l'épargne qui s'investit dans la création d'entreprises, ou l'épargne retraite pour accompagner le développement des moyennes entreprises ? Chaque fois qu'on le peut, remplaçons les circuits longs et coûteux par de tels circuits courts. Enfin, baisser les impôts ne signifie pas toujours baisser les recettes. Certaines baisses d'impôts bien ciblées, destinées à favoriser l'initiative porteuse de croissance et d'emplois, peuvent au contraire augmenter les rentrées fiscales.

Cela nous amène tout naturellement à parler de la réforme fiscale, la « grande œuvre » du septennat ! Lorsque vous avez quitté Bercy, vous aviez un projet en tête, ou tout au moins une première étape...

La France est le dernier grand pays à ne pas avoir entrepris de réformes fiscales au cours de ces quinze dernières années. Mais une réforme fiscale, l'expérience étrangère le montre, est un chantier de longue haleine. J'ai dit que ce serait le grand chantier du septennat. J'ai aussi parlé de la nécessité d'un choc fiscal. Je m'explique.

Dans un climat économique morose, sur fond de déflation, avec des acteurs économiques qui hésitent à entreprendre ou à consommer, il est absolument indispensable de créer un choc psychologique qui permette de déclencher une inversion des anticipations et de redonner confiance dans l'avenir. L'économie ne se pilote plus depuis les bureaux ministériels ou à partir des ordinateurs de l'INSEE. Elle redevient de plus en plus affaire de comportements individuels simples et rationnels.

Je le répète, seule une réforme d'ampleur de la fiscalité personnelle est capable de créer le sursaut nécessaire. Cela ne signifie pas que l'on doive et que l'on puisse baisser tout de suite fortement les impôts. Cela veut dire que l'architecture de la décrue fiscale doit être lisible et crédible.

Je suis partisan, pour ma part, d'une réforme en deux temps, avec deux objectifs successifs.

Une première étape consisterait à rapprocher notre structure fiscale de celle de la moyenne de nos principaux partenaires. En complétant cette action par des mesures fiscales fortes destinées à encourager plus particulièrement l'initiative, le risque, l'esprit d'entreprise, et à stimuler la croissance.

Dans une seconde étape, une fois l'équilibre budgétaire retrouvé, nous devons avoir l'ambition de nous doter de ce que j'appellerai la « fiscalité de l'excellence économique ».

Dans la nouvelle économie mondiale du savoir qui se dessine, celle où les États sont en concurrence et où les capitaux, les technologies, les usines, les hommes circulent librement, une fiscalité trop lourde ou trop complexe écarterait de notre pays ceux qui peuvent y créer des richesses ou des emplois. Elle les inciterait à placer leur argent ailleurs. Cette fiscalité de l'excellence fait d'ailleurs en ce moment même l'objet d'un intense débat aux États-Unis, et nul doute que ce débat franchira bientôt l'Atlantique.

Est-ce que, dans cette réforme, tout le monde devra payer l'impôt sur le revenu ?

Il est vrai qu'environ un foyer fiscal sur deux est exonéré d'impôt sur le revenu. Mais il est vrai aussi que les Français paient davantage de charges sociales que la plupart de leurs voisins. Bref, tout se passe comme si on avait choisi de baptiser cotisation sociale ou CSG ce qui ailleurs est clairement payé par l'impôt et qui fait que, dans la majorité des pays, la plupart des contribuables sont soumis à l'impôt sur le revenu. En fait, nous avons un impôt sur le revenu à trois étages. Au premier étage, on trouve une part des cotisations sociales payées par les salariés, au second la CSG, et au troisième l'impôt progressif sur le revenu. Seul ce dernier étage apparaît.

Il faudra donc modifier le financement des cotisations sociales ?

Une part des cotisations sociales actuelles devrait être transférée sur la CSG ou mieux encore sur une CSG modifiée, c'est en tout cas ce que je propose depuis longtemps. En agissant ainsi, on aboutirait à un impôt sur le revenu en deux parties : l'une constituée d'un impôt proportionnel sur le revenu, du type CSG, et l'autre sous la forme classique de l'impôt sur le revenu, progressif et individualisé.

On parle beaucoup d'un transfert massif sur la CSG. L'aviez-vous envisagé ?

La CSG a le mérite d'être simple, d'offrir un taux modéré et d'être assise sur une base large. Il ne faut pas trop lui demander. Si on veut charger la barque, on sera inévitablement conduit à introduire toute une série d'exonérations et à dénaturer la CSG. Quant à l'étendre à l'ensemble des revenus et notamment à frapper les revenus de remplacement que constituent les allocations sociales et les allocations chômage, cela correspond à une certaine logique ; mais, dans certains cas, c'est faire bien compliqué là où on pourrait faire plus simple. Frapper d'impôt une subvention ou une allocation revient vraiment à reprendre d'une main ce que l'on donne de l'autre.

Vous avez évoqué aussi la nécessité de supprimer un certain nombre d'avantages fiscaux liés à l'impôt sur le revenu...

J'avais proposé, effectivement, un toilettage de toute une série d'avantages fiscaux et d'abattements, en échange d'une baisse significative du barème. Donnant donnant. L'objectif était de rendre l'impôt plus simple, plus clair, de rogner les avantages fiscaux de quelques-uns pour faire baisser l'impôt du plus grand nombre. De plus, notre impôt sur le revenu a mal vieilli. Les avantages fiscaux se sont sédimentés jusqu'à l'absurde, au gré des nécessités et des pressions politiques. Est-il logique de donner un avantage fort à celui qui achète un bateau aux Antilles plutôt qu'à celui qui investit dans une petite entreprise ? Avec l'aide d'un bon conseiller fiscal, certains contribuables peuvent gagner des millions de francs et ne payer que très peu d'impôt ou pas d'impôt sur le revenu. Est-ce acceptable ?

Quel devrait être, selon vous, le taux marginal d'imposition ?

Sur la base des orientations que j'avais transmises aux services du Budget, c'est-à-dire en taillant raisonnablement dans les exonérations existantes, en supprimant certains abattements et en réintégrant certains avantages, ces services m'avaient proposé une réforme du barème de l'impôt sur les revenus 1996 qui permettait de baisser de 20 à 25 % le taux d'imposition de tous les Français. Ce qui correspondait à une imposition marginale de 45 %.

Et peut-on, comme le préconisent certains, supprimer totalement l'impôt sur le revenu ?

Méfiez-vous des bonimenteurs. De toute façon, on paiera toujours des impôts. La question est de savoir si l'on préfère un impôt visible ou un impôt invisible. Derrière la forme de l'impôt, il y a la citoyenneté et la responsabilité.

Vos projets fiscaux passent de toute façon nécessairement par un desserrement de la contrainte de la dette ?

Je pense qu'il est indispensable d'amplifier le mouvement des privatisations. Et d'aller au-delà de la cession des seules entreprises du secteur concurrentiel. Compte tenu du niveau d'endettement atteint, il faut absolument regarder dans le patrimoine public ce qui ne concerne pas directement l'exercice des fonctions essentielles de l'État et qui pourrait donc être cédé. Beaucoup d'entreprises aujourd'hui en restructuration se séparent d'une partie de leurs actifs pour les relouer aussitôt. Dans le même esprit, il existe de nombreux bâtiments publics et des infrastructures dont l'État n'a pas besoin d'être propriétaire, et qui pourraient être cédés pour rembourser notre dette. L'État ou les services publics ne paieraient plus alors qu'un loyer d'usage. À partir de ces cessions d'actifs, et grâce aux nouvelles techniques financières, je suis persuadé qu'il est possible de dégager une nouvelle marge de manœuvre.

Certains estiment que la dépense publique crée une dynamique...

Rappelons cette évidence : 1 franc de dépense publique en plus, c'est 1 franc de dépense privée en moins consacré à la consommation, à l'épargne et à l'investissement. Dans le contexte actuel, je crois davantage à une dynamique de la dépense et de l'initiative privées pour relancer la confiance et la machine économique.

Pendant que les gouvernements successifs se sont efforcés de contenir la dérive des dépenses de l'État, les dépenses locales ont continué, pour leur part, à déraper. Comment y mettre fin ?

Il est vrai qu'en 1980 le produit de la fiscalité des communes, des départements et des régions s'élevait grosso modo à la moitié de l'impôt sur le revenu. Aujourd'hui, la fiscalité locale a rejoint l'impôt sur le revenu. Certes, cette évolution s'explique par le fait que l'État transfère des compétences et des charges aux collectivités locales. Mais, dans le même temps, près d'un quart des recettes locales est assuré par l'État, dont 35 % du produit théorique de la taxe professionnelle. On ne pourra guère longtemps continuer comme cela. La décentralisation doit être poursuivie et clarifiée. Il nous faudra mettre fin à tous ces financements croisés et à cet enchevêtrement de responsabilités qui ne favorisent guère une saine gestion, même s'ils permettent au maire, au conseiller général, au député ou au conseiller régional de poser ensemble sur la photo du journal lorsqu'ils inaugurent un nouvel équipement.

Certains proposent précisément un pacte de stabilité entre l'État et les collectivités locales...

Je suis très prudent sur l'idée de pacte de stabilité entre les collectivités locales et l'État. Je crains qu'il ne revienne à entériner le statu quo, à créer une sorte de pouvoir d'achat garanti comme pour le budget global des hôpitaux, ce qui ne serait pas raisonnable. C'est pourquoi j'ai marqué ma préférence pour un pacte non pas de stabilité, mais de responsabilité entre l'État et les collectivités locales. C'est en ce sens que j'ai engagé une réflexion sur la réforme de la fiscalité locale. Il faudrait qu'à chaque niveau de collectivités – commune, communauté de communes, département, région et État – les responsabilités des financements soient clarifiées.

En ce qui concerne les concours de l'État pour le fonctionnement des collectivités locales, je pense qu'ils devraient être indexés sur les recettes réelles de l'État, globalisés et déconcentrés. Dans le même esprit, les concours d'investissements seraient regroupés et régionalisés.

Quant à la réforme de la fiscalité locale, elle devrait se construire à mes yeux autour de quelques règles simples visant à donner à chaque niveau de collectivité une ressource fiscale clairement affectée. Donner par exemple aux communes la taxe d'habitation, le foncier bâti et le foncier non bâti. Aux groupements de communes la taxe professionnelle. Aux régions, enfin, une part de la taxe sur les produits pétroliers. Tout se tient. Une réforme fiscale n'est aujourd'hui possible que dans le cadre d'une réforme d'ensemble.

Faut-il taxer davantage le capital ?

Il faut favoriser la création de richesses nouvelles et les initiatives qui participent à la formidable mutation de la société. Certains se sont beaucoup enrichis grâce à la politique de l'argent cher menée ces dernières années. Ils ont d'une certaine façon bénéficié – tant mieux pour eux – d'un enrichissement sans cause économique réelle. On aurait dû favoriser le dynamisme et l'initiative, pour permettre à la France de surmonter ses difficultés. On a fait l'inverse. On a taxé l'initiative, en entravant l'entrepreneur et en favorisant la rente et le capital. Le paradoxe, c'est que cela s'est déroulé durant les deux septennats socialistes. Si j'avais aujourd'hui un choix à faire, je ferais celui du travail et de l'initiative qui créent, plutôt que celui du capital. Celui du capital qui bouge, plutôt que celui du capital qui dort.

5.

Guérir la Sécu

La suppression du déficit de la Sécurité sociale passe-t-elle obligatoirement par une réforme de son financement ?

Le vrai problème de notre protection sociale n'est pas celui de son financement. C'est un problème de responsabilité et de gestion. Il faut soigner le mal à la racine, sinon les mêmes causes produiront les mêmes effets. Qu'il y ait d'autres possibilités de répartir les prélèvements sociaux, c'est évident. Mais ce n'est pas là que se situe *la* solution à nos problèmes. La question n'est pas de trouver des « trucs de financement » pour boucher le trou de la Sécurité sociale, mais d'engager la réforme du système pour empêcher que de nouveaux trous ne se creusent.

La solution passe-t-elle par un meilleur équilibre entre les différentes sources de prélèvements ?

Il n'y a, hélas, pas d'alchimie de nos prélèvements obligatoires susceptible de fournir, en taxant un peu moins le travail, un peu plus le capital ou encore les revenus de remplacement, une solution miracle à nos problèmes. Tout a été dit, tout a été imaginé sur cette question. « Y a qu'à » faire payer les machines, « y a qu'à » taxer la pollution... La sagesse fiscale la plus élémentaire nous a pourtant appris qu'au bout du compte ce sont toujours les personnes qui paient les impôts. Si vous décidez un impôt sur les vaches, ce ne sont pas les vaches qui paieront... Cela étant, je suis partisan, et ce, depuis toujours, d'une réforme du financement de notre Sécurité sociale. La clarification des responsabilités passe par la clarification des financements.

Réformer le financement de la Sécurité sociale pour clarifier les responsabilités. Mais dans quel sens ?

Il faut distinguer ce qui relève de l'assurance et ce qui relève de la solidarité nationale. C'est ainsi que les allocations familiales devraient être financées par les impôts et non par des cotisations assises sur les salaires. Car la politique familiale relève à l'évidence de la solidarité nationale. On ne s'assure pas contre le risque d'avoir des enfants !

En revanche, se protéger contre la maladie, les accidents du travail, ou prévoir sa retraite relève d'une logique de l'assurance ou de mutuelle. Même si la loi impose une obligation d'assurance, des règles de solidarité nationale, ainsi que la redistribution entre les différents risques, les différentes catégories de revenus, les familles et les générations.

Transférer une part des cotisations sociales vers l'impôt, c'est aussi faire un partage entre cotisations et impôts plus proche de celui de nos partenaires. C'est permettre à notre protection sociale de repartir sur de nouvelles bases, dans des responsabilités et des financements clairement définis, en réglant au passage l'épineux problème des charges indues que l'État impose à nos régimes de protection sociale.

Mais il faudra bien organiser un transfert des charges sociales vers l'impôt ?

Attention aux illusions d'optique. Il est vrai que transférer une partie des charges sociales vers l'impôt permet de ne pas faire reposer notre système de protection sociale sur le seul travail. Mais, à dépenses sociales inchangées, je l'ai déjà dit, il faut bien trouver des recettes de compensation. La fiscalité n'est pas un Meccano que l'on peut impunément assembler n'importe comment. On a ainsi longtemps parlé de TVA sociale. Il est séduisant de remplacer une part des cotisations sociales par un prélèvement apparemment assis sur les dépenses de consommation. Les importations paieraient ainsi une partie de nos charges sociales, a-t-on conclu un peu vite. Les économistes démontrent que les choses sont bien différentes. C'est ainsi qu'au Danemark, les charges sociales qui pèsent sur le travail étant très faibles, la TVA, qui finance le secteur social, atteint en contrepartie 25 %. Mais, au bout du compte, le coût global du travail au Danemark reste équivalent à celui de la France. Et le Danemark n'inonde pas la France de ses produits devenus moins chers. Si je suis partisan d'un transfert d'une partie des charges sociales vers l'impôt, c'est, je le répète, dans un souci de clarification et d'efficacité, et non pour de mauvaises raisons économiques.

Les déficits cumulés de la Sécurité sociale sur les deux dernières années avoisinent 120 milliards de francs. C'est le fonctionnement même de la Sécu qui semble en cause. Comment un dossier aussi explosif a-t-il pu rester aussi longtemps tabou ?

Si la Sécurité sociale coûte cher, elle est chère aussi aux Français. Elle est un symbole de notre République, elle appartient à notre histoire. Elle a même été un exemple en Europe. Les Français ont longtemps cru qu'ils avaient la meilleure Sécurité sociale du monde. C'était sans doute vrai, mais c'est devenu faux aujourd'hui. Nous dépensons plus que les autres et, au bout du compte, nous sommes moins bien remboursés. Le malade français est celui qui paie de sa poche la plus grande partie de ses frais médicaux : 18 % pour 6 à 8 % en Allemagne. Et nous ne sommes pas en meilleure santé, loin de là ! Les Français se situent au treizième rang mondial pour leur espérance de vie, au seizième rang pour la mortalité infantile.

Depuis longtemps, nous aurions dû entreprendre une profonde réforme de notre Sécurité sociale et de notre assurance maladie. Mais on raconte des histoires aux Français. On leur fait croire qu'il ne faut surtout pas toucher au système, car y toucher, ce serait casser la Sécurité sociale.

Or, la seule chance de sauver aujourd'hui notre Sécurité sociale, c'est de la réformer. À ne pas y toucher, on va vers une protection sociale « peau de chagrin » et une assurance maladie à deux vitesses. Les déficits de la Sécurité sociale ne font que traduire le déficit de réforme, le déficit de courage, le déficit de responsabilités.

Pourtant, ce n'est pas faute d'avoir monté plusieurs plans de redressement ?

Treize plans en vingt ans ! Plan Durafour en 1975, Barre en 1976, Veil en 1977, encore Veil en 1978, Barrot en 1979, Questiaux en 1981, Bérégovoy en 1982, Delors en 1983, Dufoix en 1985, Séguin en 1986, Évin en 1988, Durieux-Bianco en 1991, et une fois de plus Veil en 1993. « Croix de bois, croix de fer », chaque plan est le dernier, celui qui va rééquilibrer définitivement les comptes.

Qui est coupable ?

C'est comme dans un roman policier. À chaque chapitre, on voit les différents suspects défiler. Les médecins qui prescrivent comme des malades, les malades qui se gavent de médicaments, l'hôpital qui ne veut pas lâcher ses patients, les gestionnaires de caisse qui ne savent pas compter. Il y a trop de lits, pas assez d'infirmières, trop d'examens, pas assez de scanners ! Autant de fausses pistes. Le vrai coupable, c'est un système où personne n'est responsable. Un système où trop de gens ont intérêt à ce que rien ne change.

J'ai retrouvé un article que j'ai écrit en 1978 sur la crise (déjà !) de notre système de protection sociale. Les remèdes : « Clarifier le financement », « distinguer plus clairement l'assurance de la solidarité, la cotisation de l'impôt », « donner une vraie autonomie aux caisses d'assurance maladie » et « responsabiliser les acteurs ». Depuis, le temps a passé. Le diagnostic n'a pas changé, les remèdes non plus, mais la situation s'est aggravée. Nous nous sommes contentés de prélever plus et de rembourser moins quand tous les grands pays, à commencer par l'Allemagne, ont engagé au cours de ces dernières années des réformes profondes de leur protection sociale.

Cela a permis de maintenir à peu près l'équilibre du système...

Oui, mais à quel prix ! Une année, on diminue les remboursements. L'année suivante, on augmente les cotisations. De plus en plus souvent, on fait les deux à la fois. Nos dépenses de protection sociale dérivent depuis plusieurs années au rythme d'un point de CSG en plus tous les quinze mois. La conséquence de ces déremboursements en série, c'est que l'on renvoie de plus en plus les Français sur les mutuelles et les assurances complémentaires. Ce qui signifie très concrètement qu'un grand nombre de familles modestes n'ont plus les moyens de se garantir contre tous les risques. On hésite à appeler le médecin quand un enfant a la fièvre, et on ne va pas chez le dentiste quand il le faudrait. La protection sociale à deux vitesses, ce n'est pas un danger pour demain. C'est une réalité d'aujourd'hui.

Lors de la campagne présidentielle, Jacques Chirac s'est élevé contre le rationnement des dépenses de santé. Est-ce toujours d'actualité ?

Face à la dérive des dépenses de santé, la première des tentations c'est bien évidemment le rationnement. Mauvais réflexe, car il ne s'agit pas de rationner les dépenses de santé, mais de rationaliser la gestion. Tous les Français savent bien que le système est mal géré. Ils sont les témoins quotidiens des mille et un petits gaspillages de notre système de santé, de l'arrêt maladie de complaisance, de l'ordonnance saturée, des examens répétés plusieurs fois, des armoires à pharmacie remplies de médicaments inutilisés. Au milieu de l'année 1995, deux médecins ont été poursuivis pour avoir délivré au même patient plus de 180 ordonnances en deux ans, soit plus de 50 000 pilules. Les Français consomment dix fois plus d'antimigraineux que les Allemands et vingt fois plus de vasodilatateurs que les Anglais. Il ne s'agit donc pas de faire des économies sur la santé des Français, mais de mieux gérer notre Sécurité sociale en favorisant des comportements économiques, c'est-à-dire des comportements responsables.

Comment expliquer que ce système, l'un des plus coûteux au monde, ait tant perdu en efficacité alors que d'autres pays, comme l'Allemagne, ont pris avec succès le problème à bras-le-corps ?

Les systèmes de protection sociale varient bien sûr d'un pays à l'autre. Mais tous ont connu ou connaissent une crise. Bien avant nous, d'autres pays ont su engager les réformes dont ils tirent aujourd'hui bénéfice. C'est le cas, par exemple, de l'Allemagne, du Royaume-Uni ou des Pays-Bas. Les Pays-Bas ont procédé à partir de 1987, et sur la base d'un rapport ambitieux (« la volonté de changer ») confié à l'ancien président de Philips, M. Dekker, à une profonde réorganisation de leur système d'assurance maladie. Les Allemands ont engagé, depuis plusieurs années, une réforme en profondeur, en encadrant les dépenses de santé, et surtout en s'orientant vers une véritable autonomie et une concurrence des caisses d'assurance maladie.

Alors, que faire ?

Aucune réforme n'est directement transposable. Chaque pays a son histoire et ses pratiques. Mais elles ont toutes un point commun : la responsabilisation de ceux qui assurent et de ceux qui soignent. Il y a schématiquement trois types de systèmes de santé dans le monde : des systèmes dominés par des assurances privées, comme aux États-Unis ; des systèmes de santé nationalisés et fiscalisés, comme en Angleterre ; enfin, des systèmes paritaires, comme en Allemagne. En France, nous avons développé un système hybride : l'étatisation partielle, le paritarisme déresponsabilisé et un renvoi de plus en plus grand aux assurances privées et aux mutuelles.

Vous rejetez le système américain ?

Oui. Je reste très attaché aux principes de base du système social français : la solidarité nationale, la non-sélection des risques, l'égalité d'accès aux soins. Ils sont incompatibles avec une organisation à l'américaine.

Et l'étatisation de l'assurance maladie ?

Je ne suis pas sûr que ce soit la bonne voie pour responsabiliser vraiment les acteurs du système de santé. Je crois que la confiance dans la gestion étatique a pris du plomb dans l'aile depuis les désastres de la sidérurgie, du Crédit lyonnais ou d'Air France.

Vous faites donc le choix du paritarisme ?

Avant de poser la question de savoir « comment mieux gérer ? », il faut se poser la question de savoir « qui va gérer ? ».

De ce point de vue, je suis plutôt partisan d'une gestion de type paritaire, car le choix du paritarisme est celui qui correspond à l'histoire de notre protection sociale. Mais il faut rénover notre paritarisme, lui redonner sa chance, sans doute sa dernière.

Mais le paritarisme n'est pourtant pas exempt de défaut ?

Dans les ordonnances de 1967, le général de Gaulle confiait aux différentes caisses la responsabilité du financement de la protection sociale et notamment la charge d'ajuster les cotisations, si nécessaire. En réalité, cela fait belle lurette que l'on ne sait plus qui est responsable et qui gère. Le paritarisme est devenu un paritarisme de façade. L'État a repris petit à petit le contrôle global de l'assurance maladie. C'est lui qui décide du développement des hôpitaux et de l'évolution de leur budget, qui décide du prix du médicament, des revalorisations tarifaires. Résultat : un enchevêtrement de responsabilités, une quinzaine de tutelles rien que pour l'hôpital. Dans ces conditions, comment gérer efficacement ? En fait, la seule chose que gèrent vraiment les caisses d'assurance maladie, c'est le personnel. Si l'on veut sauver le paritarisme, il faut le transformer en paritarisme de la responsabilité.

Qu'appelez-vous « paritarisme de responsabilité » ?

Actuellement, le champ du paritarisme syndical me semble plus un partage territorial de type tribal : la CGC gère l'assurance des cadres (AGIRC), le patronat règne sur le 1 % logement, la CFTC, origine chrétienne oblige, s'occupe des allocations familiales, le chômage va plutôt à la CFDT tandis que la maladie est l'empire de FO. Et les dernières élections aux caisses d'assurance maladie remontent à 1983 !

Un paritarisme de responsabilité passe d'abord par une définition plus claire des responsabilités des partenaires sociaux. Pour ma part, je les imagine plus volontiers comme les garants des grands équilibres, des grandes orientations et des principes fondamentaux, sur le modèle des conseils de surveillance que beaucoup d'entreprises ont mis en place.

Faut-il décider de nouvelles élections ?

Au-delà du problème de responsabilité, il y a un problème de légitimité. Des élections générales de la Sécurité sociale en 1996 permettraient d'assurer un nouveau départ. Et, pour impliquer tous les Français, je pense que ces élections devraient être des élections libres, c'est-à-dire des élections où les syndicats, qui représentent moins de 10 % des salariés et encore moins en ce qui concerne les assurés sociaux, ne soient pas les seuls à pouvoir faire acte de candidature. Il faut savoir si l'on veut une réforme technocratique ou une réforme démocratique.

Mais les gaspillages ne sont-ils pas aussi responsables du déficit de la Sécurité sociale ?

Il est clair qu'aujourd'hui les médecins sont incités à multiplier les actes médicaux et les hôpitaux incités à remplir leurs lits au-delà de ce qui est nécessaire. Cela se traduit par des différences impressionnantes de performances d'une région à l'autre : les caisses d'assurance maladie de Douai ou d'Annecy remboursent 6 000 francs par an et par assuré contre près de 12 000 francs à Ajaccio et Bastia. On observe des comportements invraisemblables et moralement inacceptables : ainsi plus de 20 000 personnes âgées dépendantes sont hospitalisées dans des hôpitaux psychiatriques... Encore une fois, les hommes ne sont pas en cause. C'est le système qu'il faut reconstruire.

Dans ce cadre, comment organiser la gestion de l'assurance maladie ?

La caisse régionale d'assurance maladie a un rôle essentiel à jouer. C'est au niveau de la région en effet que l'on peut le mieux organiser un réseau complet de soins. Il est absolument nécessaire de créer une fonction d'évaluation et de contrôle confiée, de façon décentralisée, aux organismes payeurs.

Ne demandons pas au malade d'être juge de l'efficacité économique des dépenses de santé. Pour lui, la santé n'a évidemment pas de prix. Ce qu'il veut, c'est être bien soigné. Ce n'est pas son métier que de connaître le meilleur rapport qualité-prix du traitement qu'on lui prescrit. Devenues autonomes et responsables, les caisses pourront alors mieux gérer, négocier avec les médecins, les hôpitaux, les cliniques, des prestations de santé dans les meilleures conditions. Elles pourront aussi développer des formes innovantes d'organisation de la médecine, comme la chirurgie ambulatoire, les réseaux de soins ou les cabinets de groupe.

Les professions médicales et paramédicales ainsi que les établissements hospitaliers seront en relation avec des professionnels capables d'évaluer la qualité de leur prestation et de comparer les prix. Bien entendu, d'une caisse à l'autre, les dépenses ne dépendent pas seulement de la qualité de gestion, mais d'un certain nombre de critères liés au profil de la population assurée : l'âge, le sexe, les facteurs de risques spécifiques. Une caisse qui assure des personnes plus âgées ou plus fragiles doit toucher davantage qu'une caisse dont les patients sont plus jeunes. C'est le rôle de la caisse nationale d'organiser cette péréquation de solidarité nationale.

Renforcer l'autonomie et la concurrence est donc gage d'efficacité ?

La plupart des économistes de la santé vous le diront : la seule façon de faire des économies intelligentes sans rationner les soins, c'est d'établir une certaine forme de concurrence entre les organismes qui assurent. Bien évidemment, il ne s'agit pas d'une concurrence comme celle que l'on rencontre dans le secteur marchand, mais de mécanismes qui permettent de trouver le meilleur rapport prestation-cotisation. C'est d'ailleurs sur ce schéma qu'ont été réalisées dans d'autres pays les réformes de santé et que des résultats ont pu être obtenus. La logique est partout la même : l'organisme assureur et payeur est en même temps l'organisme qui va négocier au meilleur coût les prestations. En Allemagne, par exemple, les caisses ont une autonomie de gestion. À partir de 1996, elles seront progressivement mises en concurrence. Les salariés pourront s'affilier à l'organisme public ou privé de leur choix. L'employeur devra verser les cotisations à la caisse choisie. Je pense qu'en France les mutuelles et les assurances complémentaires devraient pouvoir offrir des formules d'assurance complète – au premier franc, comme disent les spécialistes – en respectant les mêmes principes d'égalité devant les soins, de non-discrimination, de non-sélection des risques et de solidarité nationale.

Peut-on parvenir à une meilleure connaissance des coûts ?

C'est indispensable et c'est possible. Toute l'expérience internationale le montre. Cela fait d'ailleurs une quinzaine d'années que l'on essaie d'introduire en France dans les hôpitaux le « PMSI » (Programme médicalisé de système d'information), qui permet de mieux connaître le coût des maladies et le prix des soins. Une expérience grandeur nature vient même de s'achever en Languedoc-Roussillon. Mais il y a beaucoup de réticences à développer de tels systèmes. Et pour cause : les dernières études révèlent, par exemple, que le coût d'une opération de l'appendicite varie de 1 à 4 selon les établissements.

Aujourd'hui, les budgets des hôpitaux sont calculés selon la technique de l'enveloppe globale encadrée par un taux directeur. Autrement dit, si l'activité médicale décroît, l'hôpital vit dans l'opulence, et si l'activité de l'hôpital explose, il est étranglé. Ça ne peut pas marcher, comme n'a pas marché à une autre époque le blocage des prix ou l'encadrement du crédit.

Il y aurait beaucoup de bon sens, mais aussi

beaucoup d'économies à trouver, si on calculait le budget des hôpitaux en fonction de leur activité réelle et non sur la base de l'actuelle technique de l'enveloppe globale. De même, il est invraisemblable que la France, pourtant pionnière de la carte à puce, soit aujourd'hui en retard par rapport à l'Allemagne pour l'utilisation de cette carte dans le domaine de la santé, qui permettrait de constituer une sorte de dossier médical portatif remplaçant la feuille d'assurance maladie et de rationaliser la gestion. Et tout cela, dit-on, parce que l'on craint que le projet, baptisé « Cesam vital », ne supprime de la paperasserie et donc aussi des emplois.

Des économies importantes sont-elles possibles ?

Si j'en crois les propos récents du premier président de la Cour des comptes, Pierre Joxe, les économies se chiffreraient en dizaines de milliards de francs, voire en centaines. Il y a trois ans, un rapport célèbre qui a provoqué beaucoup de vagues, le rapport Béraud, estimait les surcoûts à 20 % des dépenses, soit une centaine de milliards.

Dans ces conditions qu'attend-on pour mettre en œuvre la réforme ?

Nous voici à l'heure de vérité. Le moment des décisions fortes est venu. J'ai évoqué il y a un instant la litanie des plans de redressement qui n'ont pas redressé grand-chose. Je pourrais de la même façon énumérer la liste des projets de réforme de la Sécurité sociale : les rapports Teulade en 1989, Moreau en 1991, Béraud en 1992, Joly en 1993, Soubie en 1993, Soubie encore, avec Prieur et Porthos en décembre 1994. Tous les éléments pour décider sont là, il n'y avait guère besoin d'organiser un nouvel « Intervilles » de débats et de forums pour trouver les bonnes réponses.

Mais de telles réformes sont-elles acceptables par les intéressés ?

Pour que la réforme soit acceptée, il faut faire en sorte que chacun y trouve son intérêt. Loin de moi l'idée d'une réforme autoritaire qui consisterait à dire : voilà désormais les bons tarifs de remboursement, les hôpitaux que l'on ferme et ceux que l'on garde, les enveloppes financières dans lesquelles nous vous enfermons. Il ne s'agit pas d'imposer *la* solution d'en haut, mais de permettre aux différents acteurs de découvrir, dans l'exercice de vraies responsabilités, *les* bonnes solutions. Par exemple, l'hôpital, devenu autonome, pourra mieux organiser sa charge de travail, disposer de responsabilités accrues et, au bout du compte, de moyens supplémentaires pour récompenser les médecins et les agents hospitaliers. Le problème d'un directeur d'hôpital, aujourd'hui, ce n'est pas de bien gérer, mais de rester dans l'enveloppe. C'est d'ailleurs l'ancien directeur des hôpitaux, Jean de Kervasdoué, qui le dit : il n'y a de solutions que dans l'autonomie complète des établissements.

L'autonomie des hôpitaux, d'accord. Mais cela suffit-il pour diminuer le nombre de lits qui, on le sait, sont trop nombreux ?

On n'a pas construit des hôpitaux pour créer des emplois ou animer la vie locale, mais pour répondre le mieux possible à des besoins de santé. Or, du strict point de vue de la santé, il est certain que nous avons plusieurs dizaines de milliers de lits d'hôpitaux en trop. Savez-vous que dans les pays les plus avancés 55 % des opérations chirurgicales se déroulent en entrant le matin à l'hôpital et en sortant le soir. C'est ce que l'on appelle « l'hôpital de jour ». En France, ce taux ne dépasse pas 15 %. Pourquoi ? La qualité de l'intervention n'a absolument rien à voir. Mais les directeurs d'hôpitaux et les chefs de services sont jugés sur leur capacité à remplir les lits. Résultat : les infirmières sont surmenées et l'on recrute à tour de bras des jeunes et des moins jeunes sous-payés par le biais de Contrats emploi-solidarité. Un autre exemple ? Le responsable de l'action sociale de mon département d'Ille-et-Vilaine m'expliquait récemment que les grands handicapés étaient accueillis au CHU de Rennes, moyennant une dotation de plus de 700 000 francs par an, même si beaucoup d'entre eux préféreraient un logement adapté, avec des services adaptés, en milieu ouvert, dans des maisons que le département est capable de construire et de gérer et où le coût serait de l'ordre de 220 000 francs par an. Mais, dans le premier cas, c'est à l'assurance maladie de payer ; dans le deuxième, au conseil général. Et cela ne se fait pas.

C'est donc à une réorganisation d'ensemble qu'il faut procéder. Mais cette réorganisation, bien sûr, pour être acceptée, ne doit pas s'effectuer sans contrepartie. Donnant donnant. Si l'on développe la chirurgie de jour et l'hospitalisation à domicile, si l'on utilise les lits excédentaires autrement, on dégage du même coup des économies qui doivent permettre, pour une part, de financer de nouveaux projets et les adaptations nécessaires.

Faut-il, comme en Grande-Bretagne, imposer au malade le choix de son médecin ?

Les Français sont très attachés à la liberté de choix. C'est pourquoi le système d'affectation autoritaire du médecin n'est pas transposable en France. Cela étant, un malade doit comprendre qu'il ne peut aller voir systématiquement plusieurs médecins pour comparer leurs diagnostics. Il faut une limite et ne pas autoriser un patient, comme cela s'est vu, à consulter onze praticiens la même semaine. Le carnet de santé est une bonne mesure. Il existe déjà pour les enfants et pour les plus de soixante-dix ans. Il doit à l'évidence être étendu. Il est également possible de développer des formules – cabinet de groupe ou réseau de soins – qui permettent de rémunérer, comme dans d'autres pays, un ensemble de praticiens selon un système les autorisant à gérer les budgets santé des patients qui leur font confiance. Ils sont ainsi intéressés à la bonne santé du malade et ont avantage à choisir les meilleurs soins, ou les meilleurs examens, au meilleur coût. Tout le monde s'y retrouve : le malade, le médecin et l'assurance.

Puisque vous parlez de libre choix, faut-il contraindre les médecins à mieux choisir les médicaments en privilégiant les moins chers ?

Il faut que les médecins aient intérêt à faire des choix économiques, c'est-à-dire à prescrire, à qualité égale, le médicament le moins cher, en commençant par ce qu'on appelle les « médicaments génériques ». Mais, je le répète, on ne réussira pas la réforme en mettant un policier derrière chaque malade ou chaque médecin, ou un contrôleur derrière chaque ordonnance, mais en créant un système qui favorise les comportements responsables.

L'autre grand dossier de la protection sociale concerne les retraites. Depuis la réforme de 1994, on demande aux salariés du secteur privé de travailler 40 ans avant de bénéficier de la retraite, alors que 37,5 ans suffisent pour la fonction publique. Cette différence est-elle justifiée ?

J'ai en effet posé la question et, visiblement, c'est un sujet qui fâche ! Notre système de retraite est organisé selon le principe de la répartition. Ce sont les actifs qui financent en direct les retraités. Il n'y a pas de petits « cochons roses » dans lesquels les Français stockent leurs cotisations de retraite et qu'ils casseront le jour venu. Pour fonctionner, notre système exige qu'il y ait suffisamment d'actifs cotisants par rapport au nombre de retraités. Aujourd'hui, selon le dernier rapport du Plan, il y a 1,75 cotisant pour 1 retraité. Ce taux devrait descendre à 1,22 en 2015. Et dans le plus sombre des scénarios il ne resterait plus en 2040 que 1,1 cotisant pour 1 retraité.

Michel Rocard, lorsqu'il était Premier ministre, avait affirmé qu'il y avait dans ce dossier de quoi faire sauter plusieurs gouvernements. Après lui, Édouard Balladur a engagé une réforme importante en 1993. Les salariés vont devoir travailler plus longtemps – 40 ans au lieu de 37,5 ans auparavant – et leur retraite sera calculée sur le traitement perçu, non plus sur la base des dix mais des vingt-cinq meilleures années, ce qui réduit le montant de la retraite perçue. Seulement voilà, cette réforme n'a été appliquée qu'à une partie des salariés français. D'autres ont été « épargnés », parmi lesquels les fonctionnaires et d'innombrables régimes spéciaux, à commencer par celui des parlementaires. Est-ce équitable ? C'est en tout cas mal perçu, mal compris par toute une partie de la population active. Pour ma part, j'estime qu'il faudra poursuivre la réforme des retraites autour d'un principe simple : à retraite égale cotisation égale.

À la SNCF, on dénombre un actif pour deux retraités et, dans les mines, un pour dix. Comment sortir de ce piège qui ruine les entreprises concernées ?

Les mineurs de fond, les « roulants », les conducteurs de locomotives à vapeur, se sont vu reconnaître, il y a bien longtemps, au moment où leurs conditions de travail le justifiaient, des droits bien mérités à une retraite anticipée. Depuis, tout le monde le sait, les conditions de travail se sont considérablement améliorées alors que les droits sont restés. Une remise à plat s'impose, même si elle doit être conduite avec prudence et progressivité. Ces droits acquis sont pour l'essentiel ce que l'économiste Jacques Rueff appelait de « faux droits ». Qu'il s'agisse de salaires gagés sur une hypothétique croissance, de retraites non provisionnées ou sans contrepartie d'activités, notre société a d'autant plus facilement distribué qu'elle n'avait pas à payer tout de suite. Tout se passe au fond comme si on avait distribué davantage de billets de loterie gagnants qu'il n'y avait d'argent dans la caisse.

Pour financer les droits acquis, on a donc hypothéqué jusqu'aux salaires qui seront payés demain ?

Les écologistes nous ont appris à parler du droit des générations futures en matière d'environnement. Je suis partisan d'un droit des générations futures en matière économique. Nos enfants doivent avoir le droit de ne pas supporter une dette excessive, le coût des erreurs et des facilités financières de notre génération. Cette société semble avoir choisi l'irresponsabilité illimitée, en tirant un crédit sur les générations à venir !

Puisqu'on voit bien la limite du système actuel de retraite par répartition, pourquoi ne parvient-on pas à développer vraiment un système complémentaire de retraite par capitalisation ?

La répartition, c'est le financement de votre retraite par le salaire de vos enfants. La capitalisation, c'est le financement de votre retraite par votre épargne. L'une n'est pas l'ennemie de l'autre, et la seconde doit être développée pour compléter la première. Il n'est évidemment pas question de substituer la capitalisation à la répartition car les actifs devraient alors payer deux fois : pour les retraités d'aujourd'hui et pour leur propre retraite de demain. Ce seul argument plaide pour le maintien d'un système de répartition, également justifié par la solidarité. Mais pourquoi interdire aux salariés la possibilité de se doter d'une retraite complémentaire, comme cela existe pour les fonctionnaires, avec le système Préfon, ou pour les non-salariés, avec le système que j'ai introduit en 1994 ? J'ajoute que, au moment où l'État réduit les avantages de l'assurance-vie, il serait logique d'en profiter pour inciter les

Français à développer leur épargne retraite. L'économie a besoin de l'épargne des salariés, petits ou grands.

Les fonds de pension qui recueillent cette épargne peuvent l'investir dans l'économie active. C'est une épargne de long terme, stable, adaptée aux besoins en fonds propres des entreprises. La plupart des grands pays ont su appuyer leur développement économique par ce moyen. Les fonds de pension y jouent de surcroît un rôle de censeur particulièrement actif, pour l'intérêt des retraités et pour celui du système capitaliste. Indiscutablement, nous avons besoin d'un tel système.

Comment s'assurer que les fonds de pension voient le jour ? Et faut-il d'ailleurs les appeler fonds de pension ?

Cette appellation est comprise par le monde entier, à l'exception des syndicats français. Appelons cela « épargne-retraite », « épargne longue »... Peu importe l'étiquette !

Comment les mettre en place, et avec quelles garanties ?

Faire vite et faire simple, puis laisser le système évoluer. Tel était mon objectif à Bercy. Il n'est pas nécessaire de réinventer toute une réglementation. On sait gérer l'épargne longue, l'assurer et même la réassurer. Le code des assurances est là pour ça. On sait inciter les Français à placer leur épargne dans des fonds de pension, en franchise d'impôts. Je l'ai fait pour les travailleurs indépendants. On peut perfectionner le système en utilisant les mécanismes d'épargne salariale et de participation aux résultats de l'entreprise. La solution est évidente, pourquoi attendre !

Certains critiquent le principe d'une « sortie en rente » ?

Nous avons trop connu l'inflation pour oublier qu'elle spolie le rentier. Ce réflexe peut persister chez les épargnants et il faut les rassurer. En même temps, les épargnants n'aiment pas figer complètement leurs capitaux. Mais le principe des fonds de pension, c'est bien de distribuer une pension, et la vocation de l'épargne retraite est bien de distribuer une retraite complémentaire de la répartition.

Mais la limite de la retraite par répartition se fait déjà sentir.

Je crois qu'il y aurait intérêt à transformer la retraite par répartition en retraite par points. Cela existe déjà pour les retraites complémentaires des cadres. Ce qui faciliterait des retraites à la carte et ouvrirait sans doute des passerelles entre les retraites par répartition et les retraites par capitalisation.

D'une façon générale, la faiblesse de notre démographie ne menace-t-elle pas nos retraites ?

Le vieillissement de la France ne menace pas seulement l'équilibre de nos retraites, mais aussi la croissance. La facture des « frais généraux » du pays sera d'autant plus importante qu'elle pèsera progressivement sur un nombre toujours plus restreint d'actifs.

Une dynamique démographique est une condition nécessaire à l'expansion économique et au rayonnement de la France. C'est de plus une des conditions d'une bonne intégration de l'immigration. Au surplus, il est à craindre que, derrière notre déclin démographique, ne se profile une sorte de « guerre des âges », dans la mesure où le corps électoral sera de plus en plus vieillissant.

Je ne crois pas cependant à la fatalité. Toutes les études montrent que le désir d'avoir des enfants est supérieur à la natalité réelle. Je crois possible un regain de la démographie, fondé sur la confiance retrouvée dans l'avenir et sur quelques mesures destinées à assurer le renouveau de notre politique familiale.

Ce renouveau passe-t-il par la proposition d'un salaire pour la mère au foyer, dont on parle beaucoup et qui n'a jamais abouti ?

Je n'aime pas l'expression de salaire maternel, qui laisse entendre que les mères de famille exercent une mission de service public rétribuée par l'État. Je préfère la notion de libre choix et l'idée d'une allocation de libre choix. Derrière cette querelle de mots, il y a sans doute une vision différente de la femme dans la société.

Mais, puisque nous parlions des retraites, j'ai, depuis quelque temps déjà, engagé une réflexion visant à étudier comment nous pourrions lier notre politique familiale à notre système de retraite par répartition. Dans le cadre d'un régime de retraite par points, les familles verraient leur retraite valorisée en fonction de leur contribution au renouvellement des générations, c'est-à-dire en fonction du nombre de leurs enfants. Ainsi, l'investissement dans la jeunesse, qui garantira les retraites futures, se verrait en quelque sorte récompensé, voire stimulé. Ces droits de retraite supplémentaires pourraient être partiellement anticipés lorsque le père ou la mère choisirait de suspendre son activité professionnelle pour élever ses jeunes enfants.

6.

L'école choisie

À entendre les responsables politiques de droite comme de gauche, on a l'impression que l'Éducation nationale n'a pas changé. Est-ce votre avis ?

Non, je crois au contraire que beaucoup de choses ont changé. C'est pourquoi il est grand temps de dépasser les critiques souvent stériles et les solutions qui n'en sont pas. Longtemps immobile au cours des dernières années, l'école bouge enfin. Elle a commencé à jeter des ponts avec le monde extérieur, et notamment avec les entreprises. Alors épargnons-nous, ici, les descriptions apocalyptiques sur la situation de notre « sous-éducation nationale », les « condoléances aux futurs illettrés », les rapports savants sur l'échec scolaire, ou encore la dénonciation des « usines à cancres ». Non pas que la critique soit toujours inutile, mais ce qui compte aujourd'hui, c'est moins le diagnostic que les remèdes.

Pourtant, les critiques à l'encontre de l'institution scolaire perdurent...

L'école a évolué, mais cette évolution est encore trop lente. Je pense à cette mère qui, avec le fatalisme des gens modestes, m'a dit un jour, pour expliquer l'échec de son fils : « Il n'est pas fait pour l'école. » Je connaissais son enfant, aussi éveillé que bien d'autres, et je me suis dit : « Eh bien, non ! C'est l'école qui n'est pas faite pour lui ! » C'est à l'école de s'adapter – à la diversité des attentes et aux mutations de notre société. Tous les systèmes vivants ont besoin de souplesse. Dans un système éducatif trop rigide, la variable d'ajustement, c'est l'échec scolaire. Il y a encore beaucoup trop de « laissés-pour-compte » de l'éducation, trop de jeunes qui ne maîtrisent pas les bases du savoir, trop de dons mal révélés ou mal cultivés, une trop piètre préparation à la vie professionnelle et une trop médiocre transmission de notre culture. Pour quelques-uns, l'accumulation de handicaps se termine dans des classes dites « spécialisées », véritables antichambres de l'exclusion sociale. J'ai déjà dit combien notre pacte républicain de l'égalité des chances me paraissait menacé. Quand l'ascenseur social ne fonctionne plus, sa réparation passe en grande partie par l'école, qui doit rester garante d'une mobilité sociale permanente.

Certains n'arrivent-ils pas, malgré tout, à tirer parti du système ?

Dans le système tel qu'il est, il est sûr que les milieux favorisés et les enseignants, en général bien informés, savent tirer leur épingle du jeu. Il existe une sorte de « délit d'initié » qui permet de trouver le bon collège, le bon lycée, les bonnes filières, les bons enseignants, en choisissant par exemple l'allemand ou le russe en première langue dès la sixième, ou le latin-grec en quatrième.

Ce qui reste à l'ordre du jour, c'est la restauration de l'école républicaine, celle qui sait intégrer, celle qui fait du mérite – et non de l'argent ou des relations – le vrai facteur de la promotion sociale.

Vous parlez des vertus de l'école républicaine. Ne craignez-vous pas qu'un pareil discours dans la bouche d'un ancien ministre passe pour de la démagogie ?

J'ai eu la chance d'appartenir à une génération où l'« ascenseur social » de l'école fonctionnait à peu près. Rien n'était parfait, bien sûr, mais notre système éducatif donnait alors, j'en suis convaincu, davantage de possibilités aux enfants des milieux modestes pourvu qu'ils aient un peu de mérite – et sans doute de la chance ! – de grimper l'échelle sociale.

Jules Ferry disait : « Je me suis fait un serment : l'éducation du peuple. » Cette ambition a inspiré l'école républicaine de jadis. Elle a fait de l'école le lieu du brassage social, de la promotion individuelle. Cet idéal reste d'actualité, même si les moyens de l'atteindre ont changé. L'éducation doit avoir plus que jamais cette ambition de « donner à chacun sa chance ».

Au milieu des années 80, vous avez activement participé au débat entre enseignement public et enseignement privé. Quelle leçon en tirez-vous ?

Je viens de dire tout le bien que je pensais de notre vieille école républicaine. J'en suis moi-même issu, et je conserve une admiration sincère pour ces instituteurs laïcs en blouse grise au dévouement sans limites.

Mais, sous le premier septennat de François Mitterrand, par dogmatisme, les socialistes ont voulu remettre en question la liberté scolaire. À l'époque, avec d'autres jeunes députés, j'ai effectivement voulu faire obstacle à leur projet. Je me souviens des longues batailles que nous avons menées à l'Assemblée nationale, des discours de quatre heures et des milliers d'amendements destinés à enrayer les procédures d'adoption de ce texte de loi. Je me souviens aussi des manifestations populaires et de ces défilés impressionnants de Versailles et de Paris. Ce que nous défendions alors, ce n'était pas un système contre un autre, mais un principe qui garde son actualité : la liberté d'enseignement et la liberté de choix.

D'ailleurs, au cœur même du conflit public-privé, j'ai toujours pensé que l'école privée n'était pas, globalement, meilleure que l'école publique et qu'il y avait intérêt à introduire davantage de liberté dans l'une comme dans l'autre. C'est ce que j'ai exprimé dans un livre de propositions, *Pour libérer l'école.*

Comment libère-t-on l'école aujourd'hui ?

En ne rêvant pas d'une énième réforme du système éducatif, comme ce fut la tentation au cours des dernières années. C'est le mérite du ministre de l'Éducation nationale, François Bayrou, d'avoir su énoncer des propositions de bon sens, partagées par le plus grand nombre, parents et enseignants, et permettant d'introduire le changement là où il doit être, dans la classe.

Que signifie « donner à chacun sa chance » ?

Donner à chacun sa chance, c'est multiplier les parcours de formation et reconnaître la pluralité des formes de réussite. Nous privilégions trop quelques voies d'excellence. La formation professionnelle, en revanche, reste trop souvent considérée en France comme une relégation, voire la sanction d'un échec. Revaloriser les filières considérées comme inférieures, multiplier les passerelles, offrir tout au long de la vie des chances nouvelles de formation. Telle doit être l'ambition de la décennie.

Pour s'adapter, l'Éducation nationale ne nécessite-t-elle pas de plus en plus de moyens ?

Ne faisons pas du manque de moyens le responsable de tous les défauts de notre système scolaire. L'Éducation nationale représente déjà le premier budget de l'État. Et à l'heure de nos difficultés budgétaires et de nos déficits publics et sociaux, personne ne peut raisonnablement promettre que l'on pourra dépenser toujours plus.

Ce problème n'est pas particulier à la France, il reste vrai dans tous les pays. Un récent rapport du Conseil de l'Europe sur les stratégies d'adaptation de nos systèmes éducatifs confirmait qu'il sera nécessaire de trouver des ressources nouvelles. Pour l'enseignement professionnel, comme pour les études supérieures à vocation professionnelle, il faudra faire appel aux entreprises. Mais il faudra surtout dépenser autrement, faire des progrès, des gains de productivité, dans l'organisation de notre enseignement, comme on a appris à le faire dans les entreprises.

Qu'attendez-vous de la décentralisation dans le domaine éducatif?

Les systèmes éducatifs décentralisés, comme en Grande-Bretagne ou aux États-Unis, n'ont pas fait la preuve de leur supériorité. La décentralisation peut être un point de passage pour desserrer le carcan centralisateur et bureaucratique du système scolaire. Mais l'objectif à mes yeux, c'est une autonomie plus grande des établissements.

On ne fera rien sans les enseignants. Or, ceux-ci paraissent rétifs à tout changement.

Les enseignants ne sont pas par nature rétifs au changement. En fait, ils sont les premières victimes du système. L'enseignant est souvent un entrepreneur qui s'ignore. Hors de l'école, on le retrouve au sein d'innombrables associations où il donne la mesure de ses capacités. À l'intérieur même de l'école, certains font des prodiges d'invention!

Est-ce que ce n'est pas là une image d'Épinal?

Il y a quelques années, j'ai favorisé une expérience scolaire innovante dans ma circonscription. En plein cœur du monde rural, nous avons créé une école élémentaire bénéficiant de toutes les meilleures technologies grâce à un appel au mécénat des entreprises, ambitieusement baptisée « École de l'an 2000 ». Au moment de son inauguration, j'ai pu constater à quel point les enseignants, qui avaient été associés à la définition et à la mise en œuvre du projet, se comportaient et se considéraient comme de véritables entrepreneurs. On n'avait pas seulement changé les murs, en responsabilisant l'équipe pédagogique, on avait aussi changé les comportements. Je pourrais vous citer des dizaines d'exemples similaires. En libérant l'école, en libérant l'initiative et l'esprit d'entreprise, on sera étonné de voir dans quelle proportion se revalorisera la fonction d'enseignant. La capacité d'adaptation des enseignants surprendra.

Comment précipiter cette capacité d'adaptation ?

Au début des années 70, il n'y avait pas de profession plus décriée que celle d'entrepreneur. « Réactionnaire », « profiteur », « exploiteur »... On ne trouvait pas de mots assez durs pour vilipender son action. Quelques années plus tard, la situation a changé, le rôle clé de l'entrepreneur s'est affirmé. Rien n'empêche qu'il ne puisse en aller de même avec les enseignants.

Faut-il donc les motiver par de meilleurs salaires ?

Les enseignants sont les premiers à tenir en privé un discours très sévère sur l'institution scolaire. A priori, le système est sécurisant : note administrative sans conséquence majeure, note pédagogique décernée tous les trois ou quatre ans, statut inébranlable, garanties maximales de maintien dans le poste. Mais il n'est guère gratifiant. Pourquoi ne pas moduler plus nettement le traitement des professeurs en fonction des conditions effectives de leur travail? Sans remettre en cause le principe du recrutement par concours nationaux, pourquoi ne pas jeter les bases d'un vrai système de gestion régionale des carrières dans l'enseignement du second degré, en accordant au chef d'établissement une part des choix des professeurs qui lui sont nécessaires? Pourquoi ne pas redéfinir l'obligation de service en termes annuels ou semestriels, ainsi que les horaires des différentes disciplines pour faciliter l'adaptation des rythmes scolaires?

On peut prétendre également qu'ils sont jugés dès le début de leur carrière...

C'est en effet une des rigidités du système. Un agrégé est tout habillé de son titre. Même démotivé, même chahuté, il sera toujours plus qu'un certifié ou un PEGC. Son diplôme lui confère une supériorité à jamais écrite.

Vous avez parlé des enseignants. Mais quelle place est dévolue aux chefs d'établissement?

Il est indispensable de leur donner davantage de responsabilité et d'autonomie dans la conduite de leurs « projets d'établissement » et dans la gestion courante. En contrepartie de ces nouvelles responsabilités, il sera possible de revaloriser leur statut, en termes de rémunération et de carrière.

Plus de responsabilités. Dans quel sens ?

Cela signifie une plus grande autonomie, dans l'organisation des rythmes scolaires, des classes, de la pédagogie, du recrutement des enseignants, des collaborateurs extérieurs.

J'ai même proposé de créer, pour les établissements qui le souhaiteraient, un statut d'autonomie qui permette vraiment l'innovation et l'expérimentation. Ce statut serait accompagné d'une dotation globale proportionnelle au nombre d'élèves accueillis, destinée à couvrir le fonctionnement, l'entretien et l'amortissement des bâtiments.

Faisons donc confiance aux directeurs et aux enseignants. Laissons-les faire une meilleure école. Ici et là, on voit apparaître des projets pleins d'imagination. C'est la rénovation d'un collège public avec des filières différenciées dans un quartier difficile, ou un lycée binational dans une grande ville frontalière. C'est un collège orienté vers le sport et la nature, une section internationale dans un lycée public, une école secondaire publique ouverte six jours par semaine, dix heures par jour et onze mois par an pour répondre aux difficultés de certains jeunes de banlieues ou un institut régional de formation des professeurs du secondaire... Le statut d'autonomie est sans doute le meilleur moyen pour faire bouger l'Éducation nationale.

J'ajoute que la même démarche pourrait être étendue aux établissements privés qui pourraient opter, sous certaines conditions, pour un tel statut d'autonomie. C'est-à-dire avec le même financement global garanti, proportionnel au nombre d'élèves accueillis. Voilà qui, au passage, permettrait de respecter les principes fixés récemment par le Conseil constitutionnel en matière d'aide à l'enseignement privé. Voilà qui permettrait aussi à ces établissements de disposer d'une plus grande marge de manœuvre que dans le statut actuel d'association. Voilà enfin qui permettrait de réaliser des projets nouveaux, associant des enseignants, des entreprises, des collectivités locales, pour mieux répondre à des besoins locaux et notamment au problème d'enseignement dans les banlieues et les quartiers difficiles.

Ce statut d'autonomie n'est-il pas pour vous le moyen d'instiller dans le système des éléments d'autoréforme ?

Développer l'autonomie des établissements, soutenir les expériences innovantes, c'est bien entendu favoriser l'adaptation du système, non pas par le haut au moyen d'une réforme miraculeuse, mais par le bas en libérant l'initiative et l'imagination.

On ne peut pas répondre uniformément aux défis des techniques nouvelles, à la multiplicité des approches pédagogiques, à la diversification des connaissances et de la vie professionnelle.

À l'uniformisation, il faut opposer la différenciation. Chacun sait bien qu'une heure suffit à un élève là où trois sont nécessaires à d'autres, que tel contenu de programme convient mieux à tel enfant plutôt qu'à tel autre. À quoi bon s'obstiner à imposer les mêmes programmes et les mêmes horaires à tous les enfants d'une même tranche d'âge ?

Vous avez parlé de régulation et de contrôle accru. Que pensez-vous de l'idée d'établir un système d'évaluation de l'enseignement ?

C'est en effet dans la logique de l'amélioration de la qualité et du développement de l'autonomie des établissements. Cela va aussi dans le sens d'un renforcement de la liberté de choix des parents.

On a déjà beaucoup débattu de l'évaluation des résultats scolaires, de la qualité de l'enseignement, des performances des établissements et des politiques éducatives. Chacun y va de sa théorie, de ses critères. Il est temps de mettre en place un véritable système d'évaluation. Il ne s'agit pas bien entendu de classer les établissements en fonction des seuls résultats aux examens, mais d'apprécier plus finement le parcours réel accompli par les élèves.

La formation professionnelle demeure le « parent pauvre » de l'enseignement. Pourquoi ?

Nous avons fait des progrès, là aussi : les bacs professionnels sont un succès, l'apprentissage se développe bien. Mais la tâche demeure considérable. Le système éducatif reste fondé sur une hiérarchie de valeurs. Il veut garder les bons élèves pour ses filières nobles, et se séparer des mauvais, les victimes de l'échec scolaire. Il cherche à les « reléguer » dans d'autres types de formation, comme l'apprentissage.

Les métiers manuels ont été ainsi déconsidérés par ceux qui expliquaient que c'était là le symbole de l'exploitation de l'homme par l'homme. Quand on a entretenu ce mépris pendant des années, il ne faut pas s'étonner que la pente soit si lente à remonter.

C'est souvent peu de chose. À quinze ans, je faisais des études techniques et j'apprenais l'ajustage, le fraisage et le tournage. Mais je le faisais dans une filière qui, je le savais, pouvait me conduire jusqu'au diplôme d'ingénieur. Nous avions des blouses blanches et non des blouses grises. Celles-ci n'étaient pas objet de mépris, mais de fierté dans les cours de récréation.

Le système conduit donc à une mauvaise orientation des élèves ?

D'un côté, certains se trouvent entraînés dans des études sans perspective de débouchés. De l'autre, des métiers sont délaissés, par manque de considération matérielle ou humaine. On a du mal à trouver un apprenti maçon ou un apprenti plâtrier. Pourquoi ? Parce que ce sont des métiers difficiles et mal connus.

On n'y voit pas la promotion interne. Les feuilles de paie paraissent maigres par rapport à d'autres pays comme l'Allemagne, où le salaire d'un travailleur manuel est de 30 % supérieur.

Ce n'est pas la réalité ?

Lorsqu'un samedi soir, dans une boîte de nuit, un jeune garçon danse avec une jeune fille et qu'elle lui demande ce qu'il fait, il n'est hélas pas bon qu'il dise : « Je suis apprenti plâtrier. » Et pourtant, un bon métier vaut mieux qu'un mauvais diplôme.

Ce sont ces métiers qui permettent, souvent, de se mettre à son compte : apprenti, compagnon, puis patron. Être couvreur c'est bien, mais monter son entreprise, c'est beaucoup mieux. Cela reste aujourd'hui un vrai moyen d'ascension sociale.

Il faut mieux informer les jeunes de tout cela. Quand j'étais ministre des Entreprises, j'ai organisé avec mon collègue de l'Éducation, ainsi qu'avec les organisations professionnelles, l'opération « Bravo les artisans ! » : son objet est de permettre à un jeune de découvrir la réalité d'un métier d'artisan et d'en rendre compte à ses camarades de classe.

Si l'on veut remonter la pente, l'apprentissage, la formation en alternance doivent devenir une voie normale de formation et de réussite à part entière. Une voie normale pour devenir technicien supérieur, ingénieur ou cadre commercial. Il n'y a pas de métier plus ou moins noble.

Quelles sont les actions qui permettraient une revalorisation rapide de l'apprentissage et de l'enseignement professionnel ?

Je pense que, dans le cadre du statut d'autonomie que j'ai défini précédemment, nous devrions multiplier les initiatives locales en matière d'établissements professionnels et technologiques ouverts à la formation en alternance. Je pense aussi qu'il faut faire coexister une logique des métiers et, en même temps, une offre de formation qui n'enferme pas les élèves dans des spécialisations trop étroites, afin de leur ouvrir un véritable avenir professionnel.

On commence à mettre en place des filières complètes allant du CAP au BEP, puis au bac Pro, au BTS, au diplôme d'ingénieur. Très bien. Il faut que des « passerelles », à tous les niveaux, puissent donner à chacun sa chance d'accéder à l'enseignement supérieur à un moment de sa vie professionnelle, par la formation continue et la validation de son expérience.

Enfin, je pense qu'une part de l'apprentissage

devrait se faire avec des avantages liés au statut d'étudiant. C'est ainsi que j'ai proposé d'installer en milieu étudiant des « instituts polytechniques des métiers », regroupant diverses filières d'apprentissage. La revalorisation de certains métiers et de l'apprentissage est aussi affaire de psychologie.

L'enseignement professionnel doit-il être organisé selon un mode différent ?

Oui, et je dois dire que, s'il y a un domaine où le mot d'« autonomie » s'impose plus qu'ailleurs, c'est bien ici. L'enseignement professionnel a besoin de structures propres, fortement articulées sur les régions. À condition que celles-ci ne reproduisent pas à leur niveau la centralisation de l'Éducation nationale. Il a besoin d'un budget autonome, de règles particulières en matière de recrutement et de carrière de ses enseignants.

Je prends un exemple : il est déjà difficile d'enseigner l'histoire ou les mathématiques toute sa vie, mais que dire lorsqu'il s'agit d'électronique ou de comptabilité ? Pourquoi ne pas généraliser la pratique des enseignants « invités » ou des professionnels donnant quelques heures de vacation ? C'est là un usage courant dans les grandes écoles, qui les met en « prise directe » avec les entreprises.

Comment rénover l'enseignement professionnel et renforcer les liens avec les entreprises ?

La rénovation de l'enseignement professionnel dépend, pour une large part, des entreprises, des organismes professionnels et consulaires. Il faut que les entreprises et notamment les grandes entreprises s'impliquent davantage dans le domaine de la formation, à l'exemple des industriels allemands, et comme elles le faisaient autrefois.

J'ai proposé d'instituer un « pacte des entreprises pour la formation » afin d'engager les entreprises dans des actions de formation pour elles-mêmes, mais aussi pour leur profession, pour le compte des PME de leur secteur ou de leur région. La création de ces entreprises-écoles devrait être favorisée fiscalement et elle devrait pouvoir préparer les mêmes diplômes que ceux de l'Éducation nationale.

Sur le fond, j'ai la conviction qu'il faut abolir les frontières entre enseignement professionnel, formation en alternance et apprentissage, entre formation professionnelle sous contrat d'entreprise ou sous contrat d'étudiant, entre formation professionnelle et formation continue.

Tout cela impose que l'on aille plus loin dans la clarification des responsabilités et des financements de la formation professionnelle, aujourd'hui d'une incroyable complexité.

Reprenez-vous l'idée d'un capital de « deuxième chance » ?

Chacun devrait disposer, en matière d'éducation et de formation, d'une véritable créance sur la société, d'un capital formation, de sorte que tous ceux qui n'ont pas bien tiré parti de la formation initiale puissent la compléter plus tard.

Ainsi, ceux qui n'ont pas pu réussir un diplôme quand ils étaient jeunes auront droit à une formation générale, technique ou professionnelle. Dans le système actuel, ils n'ont ni les moyens ni le droit de le faire.

Après plusieurs années de vie professionnelle active,

reprendre des études ou compléter sa formation pour se perfectionner relève, le plus souvent, du parcours du combattant. À l'inégalité des chances au départ s'ajoute le fait que notre système offre rarement la possibilité d'une deuxième chance. S'il est un engagement de la campagne présidentielle qui me paraît important, c'est cette idée de « capitale de deuxième chance ».

Quelle pourrait être la forme de ce capital de deuxième chance ?

J'ai suggéré l'octroi d'un chèque formation – de 1 200 heures par exemple – à tous ceux qui auraient quitté l'Éducation nationale depuis plus de trois ans sans bénéficier d'un second cycle.

Les universités accueillent de plus en plus d'étudiants. Les diplômés ont de plus en plus de mal à trouver des débouchés. Où va-t-on ?

Le système craque ! Cinq cent mille jeunes vont bientôt s'engager chaque année dans l'enseignement supérieur. Près de la moitié d'entre eux obtiendront un diplôme égal ou supérieur à bac + 4, auxquels il faudrait ajouter environ cent cinquante mille à bac + 2. Dans le même temps, la société ne pourra guère offrir, tous secteurs confondus, qu'une centaine de milliers de places correspondant à des diplômes bac + 4.

Quelle formidable désillusion ! On a connu les krachs boursiers. C'est un krach universitaire qui se prépare.

Il suffit de voir ce qui se passe déjà dans la fonction publique. On y recrute sur concours, mais ce sont des licenciés qui, aujourd'hui, prennent des emplois hier tenus par des candidats au niveau du bac. Et les bacheliers prennent la place des « sans-diplômes ».

C'est la déqualification en cascade et, en bout de chaîne, l'exclusion. Tout cela ne peut qu'engendrer frustrations, désillusions et rancœurs, le sentiment d'avoir été floués tant pour les étudiants que pour les parents.

Je pense à ces familles, dans lesquelles les parents n'ont qu'un certificat d'études ou un brevet, qui se sont saignées aux quatre veines pour payer les études de leurs enfants, parce que c'était là l'espoir de les « élever », de les faire progresser dans la société comme eux n'en avaient pas eu la chance. Au bout de ces sacrifices, des enfants égarés dans le labyrinthe des formations sans débouchés, le diplôme dévalué, l'illusion d'un statut social et la réalité du chômage.

La solution à ce problème dépasse largement le cadre de l'université !

Bien entendu. Si l'on veut échapper à « la lutte des places » que génère déjà une telle évolution, il faut multiplier les places disponibles, c'est-à-dire, je n'y reviens pas, créer toujours plus d'entreprises et d'emplois nouveaux.

Il faut ensuite multiplier les filières de formation professionnelle et instituer le capital de deuxième chance pour éviter que toute une génération ne s'engage dans cette absurde course aux diplômes.

Il faut encore revoir le problème des classifications dans l'entreprise. Compte tenu des classifications actuelles et des conventions collectives, la vie professionnelle dépend beaucoup plus des connaissances sanctionnées par un diplôme que des compétences acquises. Revoir le statut cadre, adapter les grilles de qualification, voilà un nouveau champ pour la politique contractuelle.

Il faut, enfin, faire évoluer nos universités dans le sens d'une pleine autonomie, pour toujours mieux adapter leur enseignement à la vie.

Faut-il plus de sélection à l'université ?

Ouvrons les yeux, disons la vérité. Cette sélection, aujourd'hui, existe. Elle se fait par l'échec universitaire au bout de la première ou de la seconde année. Elle se fait par la géographie des domiciles et l'affectation autoritaire. Acceptons qu'elle se fasse enfin par le mérite, l'aptitude et la vocation.

Comment reconstruire des universités performantes ?

On a fait le plan « Université-2000 ». Bravo, mais à part de nouvelles places, quelle réforme ? Je regrette que ce plan n'ait pas été l'occasion d'un formidable appel d'offres pour innover. Le sociologue Alain Touraine a souligné que nous étions le seul grand pays industrialisé « à ne jamais avoir créé de vraies universités ». Partout, dans le monde, les universités sont libres. Il n'est que temps de donner une pleine autonomie et une pleine liberté à nos universités.

Pour vous, l'indépendance, qu'est-ce que cela signifie ?

La liberté d'une université, c'est la liberté de sa gestion. C'est la liberté de son organisation. Une meilleure occupation des locaux, par exemple, source d'importantes économies, puisqu'on ne les utilise que quelques jours dans la semaine, à peine plus de la moitié de l'année. C'est aussi la liberté du recrutement des enseignants. Et encore celle des modes de financement. Inutile de se mentir : il n'y a pas d'autonomie scientifique, culturelle et pédagogique sans un financement diversifié comparable à celui de nos grandes écoles.

Enfin, la liberté des universités implique également que celles-ci gèrent leurs propres diplômes à côté des diplômes nationaux, à condition d'adopter parallèlement, comme cela se fait déjà pour le titre d'ingénieur, des labels nationaux de reconnaissance des diplômes.

Cette liberté de gestion ne va-t-elle pas conduire à une augmentation importante des droits d'inscription, question éminemment sensible ?

Là aussi, pas d'hypocrisie. Il existe déjà des multiplicités de régimes et de droits d'inscription. Qui dit autonomie des universités dit une plus grande liberté dans la fixation des droits d'inscription. Cela étant, s'il est une forme de sélection qui n'est pas acceptable, c'est la sélection par l'argent. Voilà pourquoi toute augmentation des droits universitaires, résultant de la liberté et de l'autonomie, doit s'accompagner du renforcement d'un système de bourses et de prêts.

Dans le même temps, compte tenu de la capacité limitée des finances publiques, de l'explosion des effectifs, la paupérisation croissante de nos universités semble inéluctable si nous continuons ainsi. Voilà pourquoi, devenues autonomes, les universités devront diversifier leurs sources de financement, comme le font déjà nos grandes écoles.

Diversifier les financements, c'est aussi bien entendu permettre au financement public de se recentrer sur des formations comme nombre d'enseignements littéraire ou scientifique qui échappent à toute logique professionnelle et qui ne peuvent donc espérer de financements alternatifs ou complémentaires.

Une question revient sans cesse, dès que l'on aborde la question de l'éducation en France : celle de la laïcité...

Pas seulement en France, voyez ce qui vient de se passer en Bavière avec la querelle du crucifix dans les salles de classe.

Quelle est votre définition de la laïcité ?

Une notion toujours moderne, à condition que l'on ne se trompe pas de laïcité. Il y a eu, en effet, plusieurs laïcités : la laïcité anticléricale qui proclamait : « La République fait l'école et l'école fait la République » ; puis la laïcité marxiste militante. Pour ma part, je me réfère à la laïcité des origines, celle qui garantit la liberté de penser et la tolérance.

Si vous aviez à résumer les grandes lignes d'une politique pour l'éducation, que diriez-vous ?

Non à l'école subie, oui à l'école choisie. Libérer les initiatives, responsabiliser les parents et les enseignants, donner de l'autonomie aux établissements, permettre que s'en créent de nouveaux, diversifier les offres de formation, relier l'éducation et le monde de l'entreprise, favoriser la mobilité sociale : tels sont les principes d'une éducation qui donne à chacun sa chance.

Tout cela exige des choix forts et courageux, mais je suis sûr qu'il existe une large majorité de Français pour accompagner ces choix.

7.

L'Europe au cœur

Le monde a évolué, l'Europe a changé et pourtant les responsables politiques semblent, à tort ou à raison, se détourner de la politique étrangère. Ils préfèrent souvent s'en remettre aux « experts » ou aux intellectuels publicistes quand il s'agit de dénoncer un drame humanitaire. Est-ce votre cas?

Pour certains, la vie politique fait partie d'un plan de carrière, amorcé par des études bien tranquilles à Sciences-po ou à l'ENA. Tel n'a pas été mon cas.

Je m'y suis jeté avec passion quand je n'avais pas seize ans. C'était au temps où l'histoire brûlait une partie de la jeunesse, la fin de la guerre d'Algérie avec pour moi l'image insupportable de ceux qui avaient porté l'uniforme français, les harkis, qu'on avait alors abandonnés et laissés massacrer avec leurs familles. Puis il y a eu les drames de la guerre du Viêt-nam, la Révolution culturelle chinoise et, partout dans le monde, la pression et l'expansion soviétiques.

Le communisme était pour moi le totalitarisme de ma génération, les goulags, les grandes répressions, les procès staliniens et tout un système fondé sur le mensonge, celui qu'il fallait combattre. Cela ne m'a jamais empêché de côtoyer des militants communistes, modestes ouvriers amis de la famille, vendeurs de *L'Humanité Dimanche*, et d'estimer leur sincérité. Cela m'a conduit aussi à un anticommunisme militant, extrême et passionné, qui m'a accompagné une bonne partie de ma vie d'étudiant. C'est dire que je n'étais pas indifférent à ce qui se passait dans le monde. Cela m'est resté.

Plus tard, engagé dans des responsabilités politiques, j'ai multiplié les contacts avec ceux qui, dans les pays communistes de l'Europe de l'Est ou de l'Asie du Sud-Est, tentaient de résister à l'oppression. En Afghanistan, j'étais aux côtés de la première résistance qui s'organisait. À Moscou, je rencontrais clandestinement les dissidents. Je me souviens avoir, par provocation, posé une plaque « Andreï Sakharov » sur le ministère de la Justice, en juillet 1985.

Dans le même esprit, je suis allé dire un jour à l'ancien chef de l'État khmer rouge, Heng Samrin, droit dans les yeux que je le considérais comme un criminel de guerre.

C'est d'ailleurs dans les camps de réfugiés cambodgiens en Thaïlande que j'ai rencontré les « Médecins sans frontières », et que je me suis lié d'amitié avec beaucoup d'entre eux, même si nous avions eu souvent des parcours politiques d'étudiants très différents.

Nous nous sommes retrouvés en Thaïlande, au Cambodge, en Éthiopie, au terme de voyages au bout de l'horreur et de la folie des hommes. Aujourd'hui encore, je suis marqué par le souvenir des charniers cambodgiens, de ces plateaux éthiopiens où des dizaines de milliers de femmes, d'hommes et d'enfants dormaient à même la terre, en haillons, à moitié nus, grelottant de froid et de faim dans la nuit glacée. Je me souviens du regard implorant des survivants au petit matin.

Qu'avez-vous ressenti au moment de la chute du mur de Berlin ?

Une immense joie. J'ai eu la chance d'être à Berlin à ce moment-là. Il est clair, compte tenu de tout ce que je viens de vous dire, que la chute du mur de Berlin et, au-delà, la chute de l'Empire soviétique ont été pour moi ce qui restera sûrement comme la plus grande satisfaction politique de mon existence.

De toutes mes forces, j'espérais voir un jour s'effondrer le totalitarisme communiste et, pour être franc, je n'étais pas sûr de voir cela de mon vivant. C'est dire si j'ai accueilli les premiers signes de craquement à l'Est avec une attention fébrile. J'ai très tôt multiplié les contacts dans ces pays, et les hasards de l'histoire ont fait que j'ai alors noué des liens d'amitié avec beaucoup de ceux qui allaient assurer la relève démocratique et la transition économique au sortir du communisme. Les Polonais libéraux de Solidarité, autour de Balcerowicz, avec lesquels nous avions organisé un séminaire économique béni par les autorités religieuses. Jelio Jelev, l'actuel chef de l'État bulgare, au moment de la fondation de son mouvement de résistance démocratique, l'UDF.

Avec Sali Berisha, aujourd'hui président de l'Albanie. Avec Vaclav Klaus, l'actuel Premier ministre de la République tchèque, que j'ai connu avant la révolution de velours, obscur économiste à l'Institut de prévision économique de Prague. Egor Gaïdar, connu à l'Académie des sciences de Moscou, avec lequel j'ai fondé un institut économique en Russie, et qui, devenu Premier ministre, m'a donné de réaliser ce que je n'aurais jamais imaginé quelques années auparavant, dîner avec des amis au Kremlin !

J'étais à Budapest le jour de la proclamation de

l'indépendance hongroise, trente-quatre ans jour pour jour après l'insurrection du 23 octobre 1956. J'étais à Bucarest au lendemain de la chute de Ceausescu, avec les étudiants roumains qui avaient provoqué la révolution. J'étais à Vilnius, entré clandestinement en Lituanie, dans le bureau du président Lansbergis, qui négociait alors avec Gorbatchev, dans un Parlement encerclé par les chars soviétiques, défendu par des barricades gardées avec ferveur par tout un peuple.

Quel jugement portez-vous sur la politique de la France à cette époque ?

J'ai éprouvé beaucoup d'amertume de voir la France impuissante, incapable de comprendre, de saisir la dimension historique de ce qui était en train de se passer. C'était l'époque où François Mitterrand, son ministre des Affaires étrangères, Roland Dumas, ou encore Jacques Delors nous expliquaient doctement que la chute du mur de Berlin n'entraînait en rien la réunification allemande !

Je crois qu'à ce moment la France a manqué le rendez-vous que l'histoire lui donnait. J'ai pensé dès lors que nous devions revoir notre scénario de la construction européenne. Et que, comme l'Allemagne avait fait la réunification allemande, la tâche de ma génération serait de mener à bien la réunification de l'Europe.

J'ai pensé aussi – je pense toujours – que la chute de l'Empire communiste devait permettre, pour une part, d'injecter un peu plus de morale dans la politique étrangère. Je ne pèche pas par angélisme, je sais bien que le réalisme et la défense des intérêts de la France sont la clé de voûte de notre action diplomatique. Mais je sais aussi que la grandeur de la France a tout à gagner en disant clairement que les vrais amis de notre pays dans le monde sont les amis des valeurs françaises. Il y a là place pour l'alliance de la morale et du réalisme.

On voit mal cette alliance dans les relations franco-algériennes...

Pendant plusieurs décennies, la France a contribué à consolider un régime socialiste antidémocratique en Algérie. Maintenant, nous voici face aux résultats d'une telle inconscience. Faute de libertés démocratiques, l'opposition en Algérie s'est réfugiée dans les mosquées. Faute de libertés économiques, l'Algérie s'est enfoncée dans la pauvreté. Résultats : une situation explosive, qui dégénère en guerre civile. Je suis convaincu que nous aurions dû depuis longtemps favoriser un développement démocratique et économique, ce qui aurait permis aussi de réduire la pression de l'immigration algérienne sur la France. Nous avons une lourde responsabilité dans cet échec. Et je me souviens que, quand les manifestations d'étudiants ont été réprimées dans le sang à Alger en 1989, la seule personne qui se soit vraiment indignée, défendant ainsi l'honneur de la France, était Isabelle Adjani.

Que pensez-vous du « droit d'ingérence » ?

Le monde libre n'a plus aucune raison de soutenir telle ou telle dictature de par le monde. Sans doute l'a-t-il fait dans les décennies précédentes en prétextant le risque de voir un pays basculer dans l'orbite soviétique, mais cette menace a disparu. Une nouvelle donne s'impose. Le droit peut redevenir la règle des relations internationales et ne plus avoir à s'incliner devant la force. Une sorte de consensus international existe pour dire le droit. Au banditisme national on oppose la police. Au banditisme international on doit opposer une police internationale. Sans hésitation et avec fermeté.

Au début des années 80, j'ai défendu l'idée d'un devoir d'ingérence. J'expliquais que la non-ingérence, liée à la souveraineté des États, était certes souhaitable, mais qu'elle ne constituait pas un principe absolu, que celle-ci devait s'effacer parfois devant la défense des droits de l'homme, de ses droits « naturels et imprescriptibles », et qu'il fallait hiérarchiser les principes.

Si vos voisins sont agressés ou si l'on martyrise femmes et enfants dans la maison d'à côté, vous avez le devoir de leur porter secours. Si vous ne le faisiez pas, vous seriez coupables de non-assistance à personne en danger. Eh bien, je considère de même que la non-ingérence peut parfois être synonyme de non-assistance à peuple en danger.

Lorsque au Cambodge les Khmers rouges massacraient plusieurs millions de leurs concitoyens, le principe de la non-ingérence devait céder le pas, à mes yeux, au devoir d'intervention.

Vous parlez de non-assistance à peuple en danger, mais il existe également une non-assistance à un continent en danger : l'Afrique. Faut-il se résoudre là à constater « Tristes Afriques » et à tourner la page ?

Bien sûr que non, j'aime l'Afrique et je crois à son développement. Il n'y a pas de fatalité au sous-développement et je vous rappellerai qu'à la fin de la guerre de bons esprits expliquaient tout aussi doctement que l'Asie du Sud-Est et le Japon étaient destinés à se confiner dans le sous-développement.

L'Afrique bouge, un peu comme bougeaient les pays de l'Europe de l'Est avant la chute du mur de Berlin. J'entretiens là aussi beaucoup de liens avec la nouvelle génération d'hommes politiques, qu'ils soient chefs d'État, ministres, intellectuels ou membres de l'opposition, et qui, de plus en plus, vont représenter la nouvelle Afrique. Le réalisme nous impose certes, compte tenu du rôle de la France en Afrique, d'entretenir des relations étroites avec tous les États africains. Mais il est sûr que, depuis la chute de l'Empire soviétique, la France n'a plus de raisons de pratiquer l'indulgence vis-à-vis de certains régimes dictatoriaux. C'est ce qui m'a fait dire un jour, sur le continent africain, que « la France n'avait pas vocation à jouer SOS-dépannage pour dictateurs en difficulté ».

Je pense que le développement en Afrique repose, comme partout ailleurs, sur la libération des capacités individuelles et sur le cadre culturel et juridique qui permet cette libération. Il faut aider l'Afrique, mais il faut sans doute l'aider autrement. Trop souvent encore cette aide est détournée, ne va pas vers les pays qui en ont le plus besoin et les projets les plus utiles.

Le développement de l'Afrique sera l'affaire des entrepreneurs africains. Il existe une véritable capacité d'entreprise, notamment chez les femmes, qui se manifeste dans la vitalité d'une économie informelle. C'est ce développement par les entrepreneurs africains et par les entreprises françaises qu'il faut favoriser.

Dans le même temps, rien ne sert de se lamenter sur les malheurs de l'Afrique et de se donner bonne conscience par le maintien d'aide publique au développement si, dans le même temps, on multiplie les barrières protectionnistes. Permettre aux hommes de vivre de leur travail, les aider à produire, leur acheter ce qu'ils produisent à meilleur compte que nous, constitue sans doute la meilleure forme d'aide au développement que nous puissions apporter. En permettant ainsi aux hommes de vivre et de travailler au pays, nous fournissons la meilleure des réponses possibles à la difficile question de l'immigration.

Mais cette France du devoir d'ingérence, cette France qui aide l'Afrique, est aussi la France des essais nucléaires. N'y a-t-il pas contradiction ?

Je suis clairement, comme Jacques Chirac, pour l'interdiction définitive de tout essai nucléaire dans le cadre du traité qui sera signé en 1996. Le président de la République a cependant estimé qu'il était nécessaire pour maintenir notre capacité de dissuasion de procéder à quelques derniers essais nucléaires souterrains. Lui seul a les éléments en main pour décider si de tels essais sont indispensables. Et tout le monde comprendra que, s'il a pris cette décision, au risque de l'impopularité, c'est qu'en son âme et conscience il estime que, dans un monde qui reste un monde dangereux, la sécurité des Français est à ce prix.

Il est vrai que la jeune génération, celle qui n'a connu que la paix et qui n'a pas eu à mourir pour la France, ne comprend pas toujours cela. Les monuments aux morts de nos villages sont pourtant là pour nous rappeler le prix de cette paix. Qu'ils n'oublient pas que la dissuasion nucléaire a été et reste encore notre meilleure police d'assurance. Cela étant, je ne doute pas que les réactions antinucléaires d'une partie de la jeunesse, dans le monde comme en France, expriment une révolte morale, sincère et profonde devant le cortège de morts et de souffrances qui accompagnent les guerres. Un pacifisme sympathique, mais qui mérite un examen raisonné.

A priori, le point fort de ce pacifisme, c'est son aspect moral. Pourtant, à y regarder de plus près, le point de vue moral est justement sa faiblesse. Il se présente comme protecteur des faibles, mais en réalité il est reconnaissance solennelle du droit des plus forts. La non-résistance peut être une sainteté, c'est avant tout une servilité. Un peuple qui par avance annonce qu'il ne résistera pas est un peuple qui justifie le droit de l'assaillant. Bref, entre pacifistes et droits de l'homme, il faut choisir. Le pacifisme constitue une forme de renoncement à la défense des libertés. C'est la non-assistance à peuple en danger érigée en principe.

Cela étant, le combat pour la paix est sans doute un des plus beaux combats qui soient. Je défends pour ma part une pensée de tolérance, les principes du libre-échange des idées et des hommes, la défense passionnée de la liberté, de sa propre liberté, mais aussi de celle des autres.

Le véritable mouvement de la paix, à mes yeux, c'est l'alliance des démocraties libérales. Et le véritable slogan qu'il faut proposer à la jeunesse européenne est le suivant : « J'aime la liberté, j'aime la paix ! »

Vous avez évoqué votre action internationale en termes politiques et humanitaires, mais celle-ci a pris, il y a quelques années, un autre aspect lorsque vous avez créé l'institut Euro 92. Euro 92, c'est quoi, un club, un réseau ?

Euro 92, c'est un laboratoire de propositions et de solutions, fondé en 1988 avec l'appui de toute une série de responsables de grandes entreprises. Avec alors un objectif : réfléchir aux défis que les différents Européens avaient à relever en commun. C'est ainsi que s'est constitué un réseau d'experts indépendants, venus notamment des entreprises ou de l'université, face à la domination des experts officiels.

On y aborde des sujets plutôt complexes : « l'innovation financière des marchés dérivés », « la déréglementation aérienne », « les différentes approches du problème de la drogue ». On y fait régulièrement le point sur les grandes questions de notre société et sur les problèmes économiques. Mais Euro 92 est aussi le maillon d'un formidable réseau d'instituts, de fondations et d'organismes qui partagent les mêmes conceptions de la société de droit et de liberté. Ce réseau couvre plus d'une cinquantaine de pays, permettant de mobiliser un potentiel intellectuel exceptionnel, dont de nombreux Prix Nobel. C'est d'ailleurs à partir de cet institut et de ce réseau que nous avons fondé deux autres instituts : un institut international, centré sur les questions d'environnement à Paris, et un institut à Moscou spécialisé dans les problèmes de la transition des économies communistes vers l'économie de marché, dans lequel le gouvernement russe a eu l'occasion de puiser un Premier ministre et de nombreux ministres.

Pourquoi cette date « 92 » ?

Parce que, au milieu des années 80, la date de 1992 représentait pour des Européens comme moi un objectif économique et politique fort, l'achèvement du grand marché unique.

Les gouvernements aiment donner des dates butoirs lorsqu'il s'agit de la construction européenne. On pense notamment à l'échéance monétaire de 1997-1999, mais il y aussi des échéances plus discrètes, et non moins essentielles, comme par exemple la conférence de 1996, qui a pour objet la refonte des traités de Schengen et de Maastricht et la réforme des institutions européennes.

Cette conférence sera, en effet, celle de tous les dangers. J'aimerais qu'elle donne lieu dès maintenant à un très large débat en France et aussi en Europe. Ne commettons pas la même erreur qu'avec le traité de Maastricht : il faut associer l'opinion au débat et pas seulement lui présenter un résultat. Sur la question européenne, le grand silence, c'est la certitude de l'échec.

N'est-il pas difficile de sensibiliser l'opinion sur une question, par exemple, aussi complexe que la réforme institutionnelle ?

Rien n'oblige à s'enfermer dans un discours technocratique. Le rôle de la politique, c'est justement de simplifier les enjeux pour éclairer les choix. Comment donner à l'Europe un visage, une identité internationale, une diplomatie après Sarajevo ? Comment concilier le nécessaire renforcement de l'Union européenne avec le tout aussi nécessaire élargissement de l'Europe ? Quelle démarche adopter entre la Grande-Bretagne, qui hésite à entrer dans l'Union monétaire mais est prête à jouer un rôle militaire et diplomatique actif, et l'Allemagne, qui est tentée de conditionner la politique militaire commune au renforcement des politiques économiques et monétaires?

Il est absolument nécessaire de présenter à nos partenaires, mais aussi à notre opinion, ce qu'est la vision française de l'Europe.

Comment rompre avec l'« euro-scepticisme » qui sévit, aujourd'hui, en France?

Il faut vivre l'Europe comme le grand espoir du XXIe siècle.

L'espoir européen se trouve aujourd'hui porté par deux générations qui se croisent. La première est la génération de l'après-guerre qui désire avant tout achever ce qu'elle a commencé, conformément au rêve européen des pères fondateurs de la Communauté européenne, reposant sur la réconciliation franco-allemande. La seconde est la génération de l'après-Mur, celle de « l'Europe du grand large », qui se sent aussi bien chez elle à Prague qu'à Paris ou à Athènes et qui entend conduire la réunification des deux Europes.

Précisément, où placez-vous les frontières de cette « Europe du grand large »?

C'est l'éternelle question de la Russie et de la frontière de l'Oural. Il est clair que l'immense Russie est, pour une part, européenne et, pour l'autre, amarrée durablement au continent asiatique – ce qui l'écarte de la construction européenne. Cela étant, je considère qu'il y aurait besoin d'un grand traité d'amitié et de sécurité entre l'Union européenne et la nouvelle Russie. Je me considère comme un ami de cette nouvelle Russie. Elle forme un grand peuple, un grand pays, une grande puissance qui doit être traitée comme telle.

En revanche, il est clair que nous devons d'ores et déjà préparer l'élargissement de l'Union européenne aux pays d'Europe de l'Est candidats à l'adhésion, la République tchèque, la Pologne, la Hongrie, la Slovaquie, la Slovénie, la Roumanie, la Bulgarie, ainsi qu'aux trois États baltes...

Comment concilier l'idéal européen et le réveil des nationalismes ?

La montée des nationalismes doit être replacée dans son contexte historique. Le nationalisme a souvent été une source de résistance face à l'entreprise de décervelage du totalitarisme communiste. Parlant des pays de l'Est, on pourrait reprendre l'idée de Jaurès qui disait que les pauvres n'avaient pour tout bien que la patrie. Dans de nombreux pays, la résistance s'est forgée en puisant dans l'histoire. La sortie du communisme était forcément nationaliste. Le problème est, aujourd'hui, de donner les moyens à ces pays de dépasser ce stade et d'éviter le choc des nationalismes en valorisant les structures politiques qui permettent à des diversités culturelles fortes de coexister. C'est l'enjeu de la construction de la grande Europe.

Cet élargissement ne risque-t-il pas d'affaiblir l'Europe ? Ne vaut-il pas mieux commencer par l'approfondissement de l'Union européenne ?

Dans *Les Voyages de Gulliver*, l'écrivain irlandais, Jonathan Swift, a évoqué, avec malice, une curieuse querelle qui opposait les « grandboutiens » et les « petitboutiens ». Les premiers étaient partisans d'entamer leur œuf à la coque par le gros bout tandis que les seconds préféraient, bien sûr, l'attaquer par le petit bout.

La controverse entre partisans de l'élargissement et ceux de l'approfondissement pourrait être un nouvel avatar de cette querelle. Il y a ceux qui disent qu'il faut ouvrir tout de suite. Cette position, qui comporte souvent plus d'arrière-pensées que de pensées tout court, est fréquemment défendue par les adversaires de la construction communautaire qui entendent ainsi la diluer dans une Europe des nationalismes. Et puis il y a ceux qui affirment qu'il faut d'abord finir d'approfondir l'Union européenne selon un processus centralisateur et harmonisateur, ce qui aboutirait à élever un nouveau mur entre les États.

Faut-il élargir ou approfondir ? Les deux ! Je défends à la fois l'approfondissement et l'élargissement. Seul un approfondissement décentralisateur de la construction européenne, aujourd'hui, peut permettre, demain, son élargissement à l'ensemble des Européens.

Quel lien y a-t-il entre cet « approfondissement décentralisateur » et le fédéralisme que vous avez souvent défendu ?

Le fédéralisme est un terme ambigu. Dans les premiers balbutiements de l'idée européenne, certains rêvaient de la fusion des six nations qui composaient la Communauté européenne, de la création des États-Unis d'Europe sur un mode fédéral. Plus personne aujourd'hui ne défend cette chimère. Il n'existe pas de peuple européen comme il existe un peuple américain.

Le destin de la France n'est pas d'être la Louisiane des États-Unis d'Europe.

Cette référence au fédéralisme m'apparaît donc aujourd'hui comme passablement brouillée. Et ce, pour deux raisons. La première est que les États-Unis constituent davantage un État-Nation décentralisé qu'une fédération d'États. Au point qu'il existe aujourd'hui un mouvement fort aux États-Unis pour un retour aux sources du fédéralisme. La seconde, c'est qu'imaginer l'Europe fédérale comme un super-État avec un super-Parlement, un super-gouvernement, une super-administration, des super-lois... et des super-impôts serait très exactement le contraire de l'idée fédérale européenne que l'on trouvait chez Victor Hugo ou chez Denis de Rougemont. Ce dernier n'écrivait-il pas : « Fédérer ce n'est pas mettre en ordre d'après un plan géométrique à partir d'un centre ou d'un axe, c'est tout simplement arranger ensemble. » Ou encore : « Le fédéralisme ne connaît pas de problème de minorité. Pour le fédéraliste, il va de soi qu'une minorité peut compter pour autant qu'une majorité. La fédération n'a pas pour but d'effacer les diversités et de fondre toutes les nations en un seul bloc, mais au contraire de sauvegarder les qualités propres. Les diversités doivent être jalousement défendues et maintenues. »

Laissons là les querelles doctrinales que provoque nécessairement le terme de fédéralisme. Ce qui est sûr, c'est que ce qui fait la richesse et le génie de l'Europe, c'est sa diversité. Notre vieux continent est un ensemble hétérogène qu'on ne peut comparer ni à l'Allemagne ni aux États-Unis. Ne pas tenir compte des langues, des traditions nationales ou régionales, des différentes conceptions de la famille, finirait par créer des tendances centrifuges destructrices et aboutirait à reléguer les pays de l'Est dans une Europe de deuxième classe.

Poursuivre la construction européenne dans une frénésie centralisatrice serait le plus mauvais service à rendre à l'Europe. L'Europe à venir sera un peu moins l'Europe de l'harmonisation, c'est-à-dire celle de l'uniformisation progressive, et un peu plus celle de l'harmonie, c'est-à-dire de la complémentarité des différences. Je me suis toujours élevé contre l'idée d'une Europe moyenne. Ce qu'il faut, c'est l'Europe de l'excellence et non l'Europe de la moyenne. Imaginons que l'on décide de faire un vin européen qui serait un mélange de nos meilleurs bordeaux, de résiné grec, de chianti et de vin du Rhin. Il y a peu de chances que l'on parvienne à un très grand vin ! En revanche, dans la concurrence des vins, chacun trouve son marché et sa place.

C'est cela l'esprit du fédéralisme décentralisé dont je me réclame parfois.

La construction européenne ne risque-t-elle pas de se heurter au fait que toutes les fonctions de l'Union européenne ne peuvent pas être assumées par tous les membres actuels et futurs de celle-ci ? Bref, ne craignez-vous pas une Europe à géométrie variable ?

Non seulement je ne le crains pas, mais j'estime qu'il faut arrêter de mentir dans ce domaine. L'Europe à géométrie variable existe déjà. Elle constitue même quelque chose de souhaitable. L'Europe du menu unique imposé est une Europe impossible. Je ne crois guère non plus à cette Europe concentrique dont on parle souvent, au modèle de l'Europe d'un noyau dur et des cercles successifs. Elle m'apparaît comme un modèle déjà dépassé par les faits et par l'histoire. Il me semble que l'Europe se construit en effet selon un modèle plus proche des anneaux enchevêtrés du type olympique que de celui des cercles concentriques.

Même si l'on retrouve à la plupart des intersections le couple franco-allemand.

Il y a le marché unique européen dont le centre réglementaire est à Bruxelles, le cœur législatif qui bat à Strasbourg, la future Banque centrale que certains voudraient à Francfort, l'Europe de la politique étrangère et de la sécurité où le Conseil européen jouera un rôle essentiel, l'Europe du droit et la Cour du Luxembourg, l'Europe de l'espace et des technologies nouvelles qui dépasse même les frontières de l'union européenne...

Les grands rendez-vous monétaires d'avant l'an 2000 constituent-ils une chance de relance pour la construction européenne ou une menace pour la souveraineté des États ?

Comment ne pas approuver l'objectif de l'Union économique et monétaire, c'est-à-dire une même monnaie pour tous les Européens, gérée indépendamment du pouvoir politique, afin de préserver la stabilité monétaire en Europe et le pouvoir d'achat des Européens ?

Les grincheux nous disent que la monnaie européenne constitue un abandon de la souveraineté nationale. Allons donc ! Toute l'histoire monétaire montre que, comme le dit le prix Nobel d'économie Milton Friedman, confier la monnaie à la garde des politiques, c'est confier le pot de crème à la garde du chat. Cela se traduit par la tentation de la planche à billets pour les hommes politiques, c'est-à-dire l'inflation et la baisse du pouvoir d'achat. Le général de Gaulle n'était-il pas un partisan de l'étalon-or, une discipline équivalant à une monnaie unique ?

Les disciplines monétaires issues du traité de Maastricht ne sont-elles pas trop drastiques?

Ces disciplines sont de saines disciplines. Cela étant, je ne suis pas un dévot du traité de Maastricht. Car je le considère comme un texte confus, laborieux, bien loin d'avoir la clarté juridique et le souffle du traité de Rome. Néanmoins, j'ai fait campagne pour son adoption car je considérais aussi – et je considère toujours – que son rejet aurait constitué un coup dur pour l'Europe et une régression dans le « chacun pour soi ». Quelle erreur historique de revenir au nationalisme au moment où nous avions à accueillir les Européens de l'Est!

Que prévoit le traité? En ce qui concerne la création de la monnaie unique, le traité met en place une procédure et un calendrier. J'ai regretté qu'il y ait eu à l'époque fort peu de débats sur cette question très complexe de la monnaie européenne. J'ai organisé des rencontres internationales, des colloques, mais, il faut bien le dire, dans l'indifférence générale. Car, à mes yeux, plusieurs voies permettaient de conduire à la monnaie européenne. À l'institution d'une monnaie unique par une procédure de convergence s'opposait alors l'idée de la création d'une monnaie commune émise par une Banque centrale européenne. Et ce, à partir de l'ECU que l'on aurait transformé en vraie monnaie et qui se serait progressivement imposé. Cette seconde voie avait plutôt ma préférence.

« À marché unique, monnaie unique », a-t-on répété. J'admire le sophisme, mais il n'est guère convaincant. On peut tout aussi bien dire : à « marché commun, monnaie commune »! Les États-Unis ont longtemps constitué un marché unique, un seul et même marché où coexistaient les différents dollars des différents États. La création de la Banque centrale américaine s'est faite à la veille de la Première Guerre mondiale.

Cela étant, on a choisi une autre voie. Il ne sert à rien de refaire l'histoire...

Deux écoles s'affrontent cependant : ceux qui prétendent qu'il est préférable de retarder l'échéance de l'Union monétaire, déjà passée de 1997 à 1999, et ceux qui veulent maintenir cette date. Quelle est votre position ?

Lors de la première réunion de Bruxelles à laquelle j'ai assisté comme ministre de l'Économie, j'ai dit tout haut ce que la majorité des participants pensaient tout bas : à savoir qu'on ne ferait pas la monnaie unique en 1997. Cela dit, il est inutile d'ouvrir une vaine querelle sur la date : le plus tôt sera le mieux. Mais il y a des conditions qu'il faut impérativement réunir pour pouvoir passer à la monnaie européenne. Celle-ci n'est pas une fin en soi, un objectif qu'il faut atteindre à n'importe quel prix. Elle doit être la meilleure monnaie possible, sinon jamais les Allemands n'accepteront de troquer un bon mark contre une monnaie européenne médiocre. Ce ne serait d'ailleurs l'intérêt de personne.

Qu'adviendra-t-il si, demain, la France et l'Allemagne ayant adopté la monnaie unique, l'Angleterre et l'Italie continuent de faire cavaliers seuls ?

Il faudra des règles du jeu entre la monnaie unique et les autres monnaies européennes, afin de préserver la stabilité. Cela étant, la monnaie unique, j'en suis convaincu, aura un effet d'entraînement sur les autres monnaies.

J'ajoute que, d'ores et déjà, les marchés financiers imposent à tous les pays des disciplines en ce qui concerne l'inflation, les déficits publics ou l'endettement, qui vont dans le sens de la stabilisation monétaire.

Mais comment empêcher les entreprises italiennes de concurrencer les entreprises françaises grâce à une lire dévaluée ?

Ayant eu à présider le Conseil européen j'ai défendu l'idée, devant mes collègues, qu'on ne pouvait pas exporter dans une monnaie dévaluée et, dans le même temps, bénéficier de la part de l'Europe de subventions en monnaie forte. Un premier dispositif concernant l'agriculture a d'ailleurs été adopté en ce sens.

Les libéraux ne font-ils pas un peu trop bon marché des peurs à l'encontre de la concurrence d'autres pays européens qui ne jouent pas le jeu ?

En 1958, le général de Gaulle a dû décider s'il fallait ouvrir ou non les frontières, entrer dans le Marché commun. Un de ses collaborateurs avait été chargé de faire la tournée des différents organismes économiques et des divers représentants du monde de l'industrie avant de remettre une note. Celle-ci expliquait que, si dans l'absolu l'ouverture était une bonne chose, il ne fallait pas entrer dans le Marché commun sous peine de léser des intérêts de différents groupes. Le général de Gaulle a lu la note puis a écrit en marge : « Les frontières seront ouvertes. Ils sont forts mais ils ne le savent pas. » Arrêtons donc de nous faire peur ! Nous sommes un grand pays, nous n'avons pas à craindre les autres, mais notre incapacité à réformer et ce renoncement qui s'est installé dans nos têtes !

Mais, sous la pression de la concurrence étrangère et pas simplement européenne, on voit des entreprises contraintes de fermer leurs portes.

Les faits semblent vous donner raison, mais ils sont trompeurs, c'est là que l'on retrouve l'exemple de la vitre brisée que j'ai évoquée plus haut. Lorsque la machine à fabriquer les emplois est en panne et quand se prolongent les désordres financiers et monétaires, les arguments protectionnistes trouvent facilement écho.

Cette réaction est de toutes les époques. Déjà, au début du siècle, certains esprits faux dénonçaient la concurrence des travailleurs au rabais et des usines françaises établies en Pologne ou en Italie. Importations et exportations sont les deux faces d'une même médaille et un pays qui exporte comme la France ne peut nourrir le rêve d'exporter sans importer. Le protectionnisme repose sur une illusion d'optique.

Laquelle ?

Si j'achète cent francs une paire de chaussures importée, au lieu de celle que me propose, à deux cent cinquante francs, un producteur français, il s'ensuit certes que celui-ci, sauf à innover ou à se diversifier, risque d'être contraint de réduire sa production, de débaucher, voire de disparaître. Ce que l'on voit, c'est la destruction d'emplois. Ce que l'on ne voit pas, ce sont les cent cinquante francs ainsi économisés qui me permettront d'acheter un livre ou d'aller au restaurant. Ce que l'on ne voit pas, non plus, c'est que les cent francs reçus par le producteur étranger constituent une créance sur la production française qui reviendra inéluctablement – directement ou indirectement, après bien des tribulations dans l'économie mondiale – dans l'économie française, sous forme d'achat de biens ou de services.

Si l'on dissipe ainsi cette illusion d'optique, on s'aperçoit que la concurrence internationale n'oppose pas une entreprise française à une entreprise étrangère – eux contre nous –, mais une entreprise française à d'autres entreprises de chez nous, celles qui auront bénéficié des cent cinquante francs de mon gain de pouvoir d'achat et du retour des cent francs acquis par l'étranger.

Et que faites-vous de la main-d'œuvre étrangère bon marché qui fait baisser les prix et détruit les emplois ?

Une machine qui économiserait de la main-d'œuvre ferait de même. Là aussi, il y a une illusion d'optique : à la destruction d'emplois visible correspond un gain de productivité qui se déverse dans l'économie, provoquant la création de nouvelles richesses et de nouveaux emplois. Il suffit pour s'en convaincre de regarder les pays les plus robotisés qui sont aussi ceux qui connaissent le moins de problème d'emploi. Au nom de la protection de l'emploi visible, faut-il condamner le progrès et remplacer nos camions par des brouettes ?

Ce qui est machinal, la machine le fait ou le fera, et ce qu'une main-d'œuvre bon marché fait, aujourd'hui, au-delà de nos frontières, nos machines le feront encore meilleur marché demain. Cette chance ainsi donnée aux hommes d'échapper aux tâches les plus ingrates ne condamne pas plus l'emploi ; elle nous oblige, en revanche, à remettre en cause nos rigidités pour accompagner les mutations nécessaires et surtout, comme je l'ai dit au début de notre entretien, à réinventer le travail.

Les bas salaires ne constituent-ils pas, pour autant, un dumping social ?

Les pays à faible coût de travail inquiètent. Or, ils ne représentent qu'une faible part de nos importations. Le pays avec lequel nous réalisons la plus large part de notre commerce – l'Allemagne – a des coûts plus élevés que les nôtres. J'ajoute que l'argument du dumping social se retourne : les pays les moins développés pourraient se plaindre de devoir nous acheter trop cher des biens d'équipement qui incorporent le poids de nos salaires plus élevés et de notre protection sociale.

Ne faudrait-il pas avoir recours à la protection communautaire ?

Fermer nos marchés, c'est contraindre le consommateur à acheter un produit à un prix supérieur. Un protectionnisme européen serait un impôt de plus qui touchera les plus modestes puisqu'il s'appliquera en priorité sur les produits de grande consommation populaire.

Cela étant, il y a toujours des mesures de précaution à prendre et des comportements déloyaux à combattre. On ne peut pas accepter une brutale déstabilisation du fait de l'ouverture des frontières. Regardez le temps qu'il a fallu pour que l'Espagne entre dans le Marché commun ! Il y a des délais, des calendriers, et personne ne conteste la nécessité d'offrir aux pays de l'Est la possibilité d'entrer par étapes. Pour autant, faut-il occulter le caractère positif de cette libération d'une partie de l'Europe ?

Le Japon a su s'appuyer sur ses « petits dragons », les pays qui émergeaient dans l'Asie du Sud-Est. Les États-Unis ont suivi la même voie avec l'Amérique latine. Il est évident que nous avons là un formidable espace d'aventure et de prospérité. Notre Far West est un Far East.

Et déjà partout à l'Est on voit des gens extraordinaires, comme ce jeune Français de trente-cinq ans rencontré un jour en Pologne et qui, face aux grands groupes industriels, avait réussi à arracher la plus grosse part du marché des pâtes alimentaires.

La Commission européenne n'est-elle pas à l'origine de la morosité de certains milieux économiques à l'égard de l'Europe ?

Arrêtons de tirer sur Bruxelles ! Je suis conscient, comme tout le monde, de toute une série d'excès de la Commission lorsque celle-ci se mêle de ce qui ne la regarde pas. Mais la bureaucratie est davantage à Paris qu'à Bruxelles. Je dirais même que ce sont souvent les décisions de la Commission qui permettent de faire reculer le dirigisme et l'étatisme dans notre pays. Heureusement, en effet, que Bruxelles est là pour prendre toute une série de mesures qui vont dans le sens de la libéralisation de l'économie et de l'intérêt des consommateurs et des contribuables.

Prenez la libéralisation des transports aériens . veut-on transporter le maximum de gens dans les meilleures conditions et le moins cher possible – ce qui me paraît être une conquête sociale – ou veut-on faire prospérer à coups de subventions publiques un monopole pour la plus grande gloire d'un pavillon national ? L'ouverture à la concurrence est une bonne chose que l'on doit à la Commission, qui se révèle souvent comme le plus libéral de tous les pouvoirs européens.

Pour autant, je ne nie pas la nécessité de remettre l'Europe à sa place quand elle se mêle de ce qui ne la regarde pas. Car le paradoxe de l'Europe a souvent été qu'elle s'occupait beaucoup trop de choses qui devaient rester dans le ressort des États et qu'elle ne s'occupait pas assez des compétences que les États auraient intérêt à exercer en commun. En deux mots, elle s'intéressait trop au calibre des tomates, mais pas assez à celui des munitions... C'est absurde. La poursuite de la construction européenne, aujourd'hui, passe par des compétences communes plus affirmées, en matière de sécurité extérieure et de sécurité intérieure, par une vraie police des frontières.

Justement, parlons de sécurité : le traité de Maastricht prévoit « une politique de défense commune devant mener, le moment venu, à une défense commune ». Comment atteindre cet objectif?

Des progrès sont possibles, notamment à travers l'Union de l'Europe occidentale. L'Union européenne devrait poser le principe d'un commandement commun disposant des moyens adéquats et pouvant mettre en œuvre une force interarmées et internationale cohérente, disons de l'ordre de 200 000 hommes environ. L'Union européenne doit aussi accélérer la mise sur pied d'une politique commune en matière d'armements.

Impossible de parler de l'Europe sans parler de l'Allemagne. Quel regard portez-vous sur nos voisins d'outre-Rhin ?

Je suis très admiratif devant le sursaut allemand. Je dis « sursaut » parce qu'il y a quelques années on parlait plus volontiers de la « germano-sclérose ». Certes, les Allemands avaient de nombreux atouts, notamment le fait d'avoir opté résolument dès 1948 pour l'économie sociale de marché. C'est d'ailleurs devant le défi de la réunification et ce risque de sclérose de leur économie que les Allemands se sont publiquement interrogés sur leur compétitivité, à partir d'un rapport initié par les milieux économiques et repris par le gouvernement fédéral, le rapport *Standort Deutschland.* Cinq priorités : déréglementer le marché du travail et favoriser la concurrence, réduire les prélèvements obligatoires, diminuer les dépenses publiques, privatiser (les transports publics, les télécoms, la poste, les aéroports, le logement public...), simplifier la législation et les réglementaions. C'est sur un tel cri d'alarme et des propositions audacieuses que le chancelier Kohl a engagé et gagné les élections. Vous comprendrez donc facilement pourquoi j'ai souvent le sentiment, avec mes interlocuteurs allemands et notamment avec le ministre des Finances, Théo Waigel, d'une entente profonde. De plus, nous avons la même culture économique, celle de l'économie sociale de marché, celle de Ludwig Erhard et de Jacques Rueff.

Après cinquante ans de construction communautaire, le sort de l'Europe n'est-il pas de continuer à osciller entre un modèle impossible et un processus indéterminé ?

Je pense que celle-ci va nous conduire dans une autre direction que l'imaginaient les pères fondateurs de l'Europe. Il en est parfois ainsi des grandes idées. Christophe Colomb s'était embarqué pour les Indes. Il a découvert l'Amérique. Je pense qu'il existe un génie caché dans la construction européenne. L'Europe n'appartient pas aux catégories traditionnelles de la science politique. L'Europe innove et le principe de cette innovation a été introduit un peu par hasard dans le traité de l'Union européenne, sur un rapport de Valéry Giscard d'Estaing, autour de ce que l'on a appelé « le principe de subsidiarité » qui n'est au fond que notre principe de responsabilité appliqué à l'échelle européenne. Ce principe, qui est beaucoup plus qu'un principe d'organisation, nous fait revenir aux sources de l'Europe et de son génie civilisateur. En effet, la civilisation européenne, dans ses sources grecques et chrétiennes, au travers des droits de l'homme s'identifie avec la proclamation que l'homme a, en tant que tel, des prérogatives antérieures et supérieures aux lois que les hommes peuvent faire. Au terme de leur douloureux voyage au bout de la nuit totalitaire, les peuples d'Europe de l'Est nous donnent non seulement la chance de retrouver une Europe au complet dans ses dimensions historiques, mais encore la chance de retrouver les fondements même de l'Europe.

Les Européens ont déjà apporté au monde la civilisation des droits de l'homme, qui a fait reculer l'intolérance, et celle de l'efficacité économique, qui a fait reculer l'indigence. Aujourd'hui, la construction européenne apporte la réponse à cette question : comment faire coexister pacifiquement des hommes différents hors d'une contrainte politique forte sans soumettre les minorités ou les personnes aux caprices de la majorité ? C'est ce modèle d'organisation politique que le monde recherche dans les tragédies du Liban ou de l'ex-Yougoslavie, dans les convulsions de l'Afrique ou de l'ex-Empire soviétique.

L'Europe porte la promesse du modèle d'organisation d'une société ouverte composée de citoyens souverains et libres, celui d'une vraie société de droit. Ne gâchons pas cette chance.

8.

Confiance !

Tout au long de cet entretien, vous nous avez expliqué vos idées et vos projets. Vous aimez, semble-t-il, expliquer et convaincre. Mais ne prenez-vous pas le risque d'être, une nouvelle fois, cantonné dans le rôle d'agitateur d'idées ?

Dès lors que l'on refuse le prêt-à-penser, il est sûr que l'on dérange. Mais, en réalité, les idées que je défends sont des idées très répandues dans le monde et les solutions que je propose sont souvent mises en œuvre ailleurs avec succès. On me dépeint parfois comme un libéral sans nuances. En Allemagne, j'apparaîtrais sans doute comme un chrétien-démocrate raisonnable.

Je me sens à la fois libéral et social. Libéral, parce que je fais confiance à l'homme, à son initiative, à sa liberté, et parce que je souhaite qu'il occupe une place toujours plus importante dans notre société. Social, parce que je cherche à réunir progrès social et progrès économique, générosité et prospérité, solidarité et liberté. Avec toujours la volonté de ne laisser personne au bord du chemin.

Vous avez employé le mot « libéral ». Avez-vous conscience qu'en France ce terme n'a pas bonne presse, y compris à droite ?

Je me sens profondément libéral, mais de quelle liberté parlons-nous ? La liberté jusqu'où ? La liberté sauvage, la liberté aveugle, sans foi ni loi, n'est pas la mienne. Ma liberté, c'est la liberté éclairée par la responsabilité personnelle.

Aux origines de la pensée dont je me réclame, il y a cette apostrophe d'un marchand malouin – François Legendre – à qui Colbert demandait un jour ce qu'il devait faire pour favoriser le retour de la prospérité en France. La réponse est restée célèbre : « Laissez-nous faire. » C'était là une formule déjà révolutionnaire, car elle signifiait : « Laissez-nous agir, supprimez toutes les entraves qui sont devant nous ! » Ce n'était pas l'expression d'un laisser-aller, mais une revendication forte : « Laissez-nous prendre nos responsabilités. »

Qui revendique cela aujourd'hui ?

Mais tout le monde ! Aujourd'hui, cette exigence de responsabilité revient avec force. Jamais nos compatriotes n'ont éprouvé aussi consciemment le désir d'exercer leurs capacités d'initiative et de choix. Beaucoup d'entre eux, les jeunes en particulier, ont renoué avec l'esprit de conquête. Ils veulent prendre toute leur place dans notre société. Ils ne sont plus disposés à accepter les contraintes administratives, les restrictions réglementaires, les exigences bureaucratiques que leurs aînés, hier, acceptaient sans rechigner. Ils exigent davantage d'autonomie. Laissons-les prendre toute leur place.

« La liberté éclairée par la responsabilité individuelle », que voulez-vous dire par là ?

Que l'accroissement de notre liberté doit s'accompagner d'une éthique de la responsabilité.

Dans une société qui fait une part toujours plus large à l'autonomie des personnes, dans laquelle ce ne sont plus les autorités bureaucratiques qui décident à la place de l'homme, celui-ci a besoin d'une boussole, celle des valeurs, pour guider sa liberté de choix.

Êtes-vous, comme Philippe Séguin, un défenseur de « l'idéal républicain » et des valeurs de la République ?

L'idéal républicain constitue le patrimoine de tous les Français et je m'y reconnais volontiers. Il ne faut pas le réduire à la nostalgie de quelques pages glorieuses de notre histoire. Mais il s'agit d'en faire un projet plus que jamais actuel. C'est le retour du civisme, d'abord, chez ceux que l'on appelle « l'élite républicaine », la reconnaissance du travail et de l'effort, la récompense du mérite, et surtout l'égalité des chances, cette volonté forte de pouvoir donner à chacun sa chance... Voilà des valeurs simples dont l'affaiblissement provoque nos faiblesses.

Partagez-vous l'inquiétude des politiques sur la crise de la démocratie ?

Oui, je pense qu'il existe une crise profonde de la démocratie. Avant la chute du mur de Berlin, c'était une question que l'on ne se posait pas. Celui-ci dessinait la frontière du bien et du mal. La démocratie était du bon côté du Mur. Elle était, par nature, le meilleur des systèmes.

Aujourd'hui, il faut accepter de se remettre en cause. Ce serait une erreur à mes yeux d'identifier la démocratie aux institutions et aux techniques qui permettent de représenter la volonté populaire, de désigner les dirigeants politiques et de voter les lois.

La démocratie est bien plus que cela. C'est l'affirmation qu'il existe des droits inviolables et sacrés de la personne humaine au-dessus de tout pouvoir. La loi n'est pas le produit de la majorité d'un jour, mais celui d'une histoire, d'une culture, d'un système de valeurs fondé sur les droits de l'homme.

Bref, avant d'être la loi de la majorité, la démocratie, c'est le droit de la minorité. À commencer par la plus petite de celle-ci, la personne humaine. C'est exactement le contraire de la célèbre formule socialiste : « Vous avez juridiquement tort parce que vous êtes politiquement minoritaires. »

Au fil des ans, la démocratie a oublié ses valeurs fondatrices. Sous la pression de l'État-Providence, elle est devenue machine à distribuer avantages et faveurs, en privilégiant trop souvent la recherche de ce qui est opportun politiquement à ce qui est juste.

Si j'ai une conception républicaine de l'État, j'ai une conception plus civile de la démocratie.

La crise des valeurs est-elle lié, à votre avis, à la perte de l'influence des Églises dans notre société ?

Je suis toujours étonné d'entendre certains critiquer le fait que le pape puisse nous donner des leçons de morale. C'est lui reprocher, au fond, d'être trop catholique... Les Églises sont, par nature, productrices de valeurs. C'est ainsi que le christianisme exprime une exigence forte de responsabilité personnelle. L'homme est libre de faire le bien comme le mal, il est responsable de ses actes devant Dieu.

Certains trouveront donc leurs valeurs dans l'enseignement des Églises. D'autres les apprendront d'un maître d'école, de leurs parents, dans l'exercice d'un métier, d'un sport, d'une passion... Je fais collection d'ouvrages anciens, dits « de morale » et destinés à la jeunesse. Des œuvres d'écrivains, d'artistes, de vieux instituteurs, de politiques, d'idéologues, de religieux comme de libres-penseurs. On y retrouve un tronc de valeurs communes et principalement cet enseignement selon lequel, pour cultiver ses chances, il faut cultiver ses qualités. C'est ainsi que se font les victoires des plus belles entreprises et sans doute les victoires les plus difficiles... celles que l'on remporte sur soi-même.

La crise des valeurs trouve aussi ses racines dans un certain relativisme moral. Comment répondre à ce défi ?

Dans ma région, la Bretagne, les gens sont fortement enracinés dans un certain nombre de valeurs simples qu'ils savent encore transmettre à leurs enfants. Cet enracinement est, à mon sens, la meilleure des réponses à la confusion des esprits. Nous avons besoin de repères. Si, comme le soulignait Alexandre Soljenitsyne dans son célèbre discours de Harvard, la démocratie libérale admet le pluralisme des opinions et la diversité des expressions, elle doit rester fondée, pour chacun d'entre nous, sur une échelle de valeurs. Si tout se vaut, rien ne vaut. L'anthropophagie n'est pas un mode d'expression culinaire au même titre que la « nouvelle cuisine ».

Cet enracinement suffit-il à résoudre des questions aussi délicates que, par exemple, l'intégration des musulmans ?

Il ne faut pas confondre l'Islam et l'importation de modes de vie difficilement compatibles avec nos coutumes et nos lois. Il faut mieux définir la place de l'Islam en France, et dire clairement que nous ne pouvons accepter une autre loi, de fait, sur notre territoire pour ce qui concerne les droits fondamentaux de la personne humaine, la famille, l'éducation, le mariage. Il y a donc besoin de fixer les bornes, de dire ce que nous acceptons et ce que nous n'acceptons pas. Être français, vivre en France, c'est accepter un certain « règlement de copropriété », fondé sur des valeurs, les droits de l'homme, dont nous sommes fiers.

Sinon, nous n'aurons ni intégration, ni même cohabitation, mais confrontation. L'intégration se fera par l'égalité des droits et des devoirs, par la reponsabilité. Dire cela, ce n'est pas confondre l'intégration nécessaire avec une totale assimilation, aujourd'hui difficile. Intégrer, ce n'est pas faire entrer dans un moule, mais dans un cadre.

Les valeurs sous-tendent généralement un projet de société. Quel est le vôtre ?

J'en ai, je crois, exprimé le fil conducteur tout au long de ce livre. Accroître le rôle de l'homme dans notre société, donner à chacun sa chance, permettre à chacun d'exercer toute la responsabilité dont il est capable, c'est une démarche qui repose sur la confiance en l'homme, « mesure de toute chose ».

Bertrand de Jouvenel avait une jolie formule qui résume bien ce que je veux dire : « Civiliser notre civilisation ». C'est dire que la société ne se réduit pas pour moi à l'économie, que la personne humaine ne s'enferme pas dans son rôle de producteur ou de consommateur. L'évolution des modes de vie compte autant que celle du niveau de vie. Le vrai progrès d'un pays ne se lit pas uniquement dans les chiffres de la croissance qui additionnent hôpitaux et ventes d'armes, livres et consommation d'essence dans les embouteillages ! La vie, on le sait, est rebelle à la mesure monétaire.

Ce discours rappelle les préoccupations des écologistes...

Les écologistes, plus que d'autres, ont dénoncé l'absurdité et les dégâts causés à l'environnement par des méga-projets, des méga-bureaucraties et par l'architecture collectiviste de ces immeubles-cités, facteur de désagrégation sociale. Ils ont le légitime souci des générations futures. La différence entre un homme politique et un homme d'État, a-t-on dit, c'est que le premier se soucie de sa prochaine élection, le second des générations futures. Nous avons un devoir envers elles, leur laisser un monde meilleur, plutôt qu'un héritage fait de dettes et de pollution.

Comment peut-on concilier la liberté du marché et la défense de l'environnement ?

Écologie et économie ont vocation à faire bon ménage. Dans un cas comme dans l'autre, il s'agit de trouver les meilleures règles du jeu, celles qui permettent de favoriser des comportements économes et responsables. À y regarder de plus près, on s'aperçoit aisément que la plupart des problèmes d'environnement que nous connaissons sont liés au fait que l'on a détendu le ressort de la responsabilité personnelle, la responsabilité civile et pénale, juridique et financière.

Derrière la prise de conscience salutaire que représente à mes yeux l'écologie, il y a la volonté de ne pas réduire la société à la seule logique de l'économie marchande. Le calcul économique est un outil de l'action efficace, pas une fin en soi. Le but d'une société ne se réduit pas à créer de la richesse et de la valeur ajoutée. Il faut se donner une plus haute ambition : valoriser nos richesses intérieures. Je suis convaincu qu'une nouvelle civilisation se dessine. Elle réconciliera le beau et l'utile, elle inventera un nouvel art de vivre, plaçant la qualité de la vie et la culture au cœur de notre vie quotidienne.

Quels sont les grands hommes ou les maîtres qui vous ont marqué ?

Il y a des leçons que vous apprenez dans les livres ou auprès de quelques personnes qui vous ont marqué. Je suis plutôt éclectique dans mes amitiés intellectuelles. Je ne peux pas oublier de citer Bertrand de Jouvenel et Raymond Aron, qui m'ont beaucoup appris. Mais il y a aussi des leçons de vie, celles que vous apprenez de vos parents, ou au hasard des rencontres avec des hommes et des femmes inconnus et pourtant pleins d'expérience et de sagesse. Et ces leçons-là comptent tout autant.

Et de Gaulle ?

C'est le génie de la France de susciter, aux périodes dramatiques de son histoire, les personnages qui vont incarner son unité et sa grandeur.

Y a-t-il des lieux qui vous inspirent ?

Les mystères légendaires de la forêt de Brocéliande, près de chez moi. La maison de Jeanne d'Arc à Domrémy, où se rejoignent l'humilité et le sacré. Et ce lieu fort, terrible, Drancy, qui donne à réfléchir sur l'homme, ses lâchetés et sa possible barbarie. D'une manière générale, je suis ému par les lieux où l'on sent encore la présence de ceux qui ont aimé ou souffert. Une chapelle de pêcheurs me touche souvent davantage qu'une cathédrale.

Quelles sont les dates de l'histoire contemporaine que vous retenez ?

Le 17 juin 1789. Le jour où les représentants du Tiers État aux États généraux décidèrent de se constituer en Assemblée nationale. Et puis, dans les sursauts de l'histoire de l'après-guerre, comment ne pas évoquer 1958, c'est-à-dire, d'une part, la restauration de l'autorité de l'État et, de l'autre, le succès du plan de redressement financier élaboré par Antoine Pinay et Jacques Rueff grâce au soutien du général de Gaulle face à une administration hostile ou ironique ? C'est ce plan qui a permis de casser l'inflation, de procéder à l'assainissement financier, d'ouvrir une période de prospérité sans égale pour notre pays. Des trois années qui suivirent, le général de Gaulle dira qu'elles furent « une sorte de triomphe de l'expansion dans la stabilité ».

Quelle idée avez-vous de la France ?

Je pense d'abord aux Français et à notre communauté de destin. Avoir fait de grandes choses ensemble, et vouloir en faire encore, selon la formule de Renan. Ce peuple indiscipliné qui sait se réunir et trouver, au plus profond de lui-même, aux heures les plus dramatiques de son histoire, la ressource nécessaire au sursaut.

C'est aussi l'esprit français, fait de tolérance et de goût pour la vie, d'humour et de vieilles racines. « Heureux comme Dieu en France », disent les Allemands. C'est l'esprit de conquête, celui des grands aventuriers de ce siècle, Paul-Émile Victor, Maurice Herzog, le commandant Cousteau, celui des « French doctors ». Notre vocation, certains disent notre défaut, de vouloir prétendre à l'universel, faire la leçon aux autres comme si nous en avions le devoir.

Car la France est plus que la simple addition des Français. Malgré sa prodigieuse diversité, ses multiples contradictions et ses crises intérieures, la France témoigne d'une unité forgée par une longue histoire collective. Notre pays, même s'il représente un petit centième de la population mondiale, peut toujours faire partie de ces pays dont la voix est écoutée et dont, partout dans le monde, on prononce le nom avec respect. Je ne crois pas à notre déclin, si nous savons renoncer au renoncement.

Je me rappelle, le soir de l'élection de Jacques Chirac, la foule joyeuse des jeunes qui affluait vers la place de la Concorde, entourait l'obélisque, débordait sur les Champs-Élysées, sous l'écume des drapeaux tricolores. La musique, le printemps, les visages radieux de ces milliers de jeunes, cette foule rendaient extraordinairement optimiste, comme un bain d'énergie, et j'ai gardé pleine confiance dans ce qu'ils exprimaient. La France change comme elle n'a jamais changé au cours de son histoire. Elle reste un pays capable d'étonner par la vigueur de son redressement.

Tout est donc possible !

En politique, il faut savoir ce que l'on veut. Quand on le veut, il faut avoir le courage de le dire et, quand on l'a dit, il faut avoir le courage de le faire.

Courage !

Alain Madelin est président du
mouvement Idées-Action
11, Bd de Latour-Maubourg 75007 Paris
Tél. : (1) 45 51 14 01 - Fax : (1) 45 51 25 94

Table des matières

Cet ouvrage a été réalisé par la
SOCIÉTÉ NOUVELLE FIRMIN-DIDOT
Mesnil-sur-l'Estrée
pour le compte des Éditions Robert Laffont
24, avenue Marceau, 75008 Paris
en avril 1996

Imprimé en France
Dépôt légal : novembre 1995
N° d'edition : 37000 - N° d'impression : 34376